言路公心

一名政协委员五年（2017–2021）的履职历程

王玉静　著

中国文史出版社

图书在版编目(CIP)数据

言路公心：一名政协委员五年（2017-2021）的履职历程 / 王玉静著 . - 北京：中国文史出版社，2022.3
ISBN 978-7-5205-3095-8

Ⅰ . ①言… Ⅱ . ①王… Ⅲ . ①王玉静 - 生平事迹
Ⅳ . ① K828.9

中国版本图书馆 CIP 数据核字 (2021) 第 277615 号

责任编辑：窦忠如　秦千里

出版发行：中国文史出版社
社　　址：北京市海淀区西八里庄路69号院　邮编：100142
电　　话：010-81136606　81136602　81136603（发行部）
传　　真：010-81136655
制　　版：北京博创恒达文化传播有限公司
印　　装：廊坊市海涛印刷有限公司
经　　销：全国新华书店
开　　本：710*1100　1/16
印　　张：18
字　　数：253千字
版　　次：2022年1月北京第1版
印　　次：2022年1月第1次印刷
定　　价：58元

文史版图书，版权所有，侵权必究。
文史版图书，印装错误可与发行部联系退换。

專注發展 專心為民 專力履職

郭強

青岛市书法家协会常务副主席兼秘书长郭强　作

愛青島
讓青島更美好

歲次辛丑冬月楊乃瑞書

青岛市书法家协会副主席杨乃瑞　作

青岛市书法家协会副主席宋文京　作

双岗双责双作为
高岩题

青岛市书法家协会副主席高岩　作

青岛市书法家协会副主席田文玲　作

深入一线多调研，躬行践履察实情

2017年9月17日，参加青岛经济广播电台“新智汇 新力量”访谈栏目。

在市政协十三届十五次常委会上作题为《壮大农业产业化联合体 助力乡村振兴战略》的发言。

2020年12月18日，随同青岛市政协党组书记、主席杨军和有关部门视察“我爱青岛·阳光护苗”行动开展情况。

2017年中秋前，随同青岛市政协副主席杨宏钧看望莱西贫困群众。

2018 年12 月6 日，青岛市新联会走进西海岸胶河新能源农业有限公司开展调研。

2018 年12 月22 日，参加青岛国际农产品交易中心物流园项目规划论证会。

2019 年5 月22 日，随同青岛市政协副主席赵铁军赴即墨古城开展“保护古村落风貌，激发乡村活力”实地调研。

2019 年7 月16 日，参加青岛电视台“创新基层管理机制 提高基层治理能力”专题访谈。

2019 年12 月6 日，随胶州心语社奔赴河北平山县，参加重温红色记忆——寻访初心之旅，翌日，前往正定塔元庄、雄安新区参观考察。

2019 年12 月21 日，在胶州里岔镇挂职期间，积极推进招商引资工作。

2020 年春节前夕，到胶州韩家庄、米家庄看望十户困难家庭。

2020 年4 月12 日，参加青岛电视台“夺取双胜利 政协在行动”专题访谈

2020 年5 月，青岛市政协、青岛日报社、青岛广播电视台联合启动“我爱青岛 · 阳光护苗”活动，代表政协委员向社会各界发出倡议，号召为广大个体工商户减免房租，纾困解难。

2020 年6 月11 日，在青岛市政协双月协商会议上作题为《培育龙头企业引导土地规模化经营》的发言。

2020 年9 月17 日，在青岛市农业农村局挂职期间参加中国农民丰收节。

2020 年9 月22 日，随同青岛市政协副主席刘赞松和市政协农业农村委员会到宁夏调研。

2020 年10 月9 日，参加“倾听与商量”平台启动仪式并参加以“我爱青岛·阳光护苗”为主题的现场直播节目。

2020 年10 月19 日，参加青岛全市区政协工作和政协委员履职经验交流会，并作题为《不忘初心勇担当尽责履职展风采》的发言。

2020 年11 月13 日，参加青岛市委宣传部、网信办主办的大家谈茶座活动，围绕青岛工业和信息化领域产业规划和发展、传统产业升级、工业互联网发展等与网络人士展开座谈。

2021 年 7 月 18 日，随同青岛市政协副主席李众民到甘肃省陇南、定西两市开展东西部协作考察调研。

2021 年9 月16 日，参加青岛市新的社会阶层人士联谊会换届会议，并当选为副会长兼秘书长。

2021 年 10 月 11—13 日，随同青岛市妇联党组书记、主席宋立春赴甘肃省定西市开展东西消费协作对接交流，并为青岛 - 定西女性科技人才工作站捐赠。

2021 年11 月16 日，积极推动、建立青岛市政协农业和农村委员会委员会客室，创新委员“开门协商”工作模式，深入群众开展调研，倾听民声，反映民意。

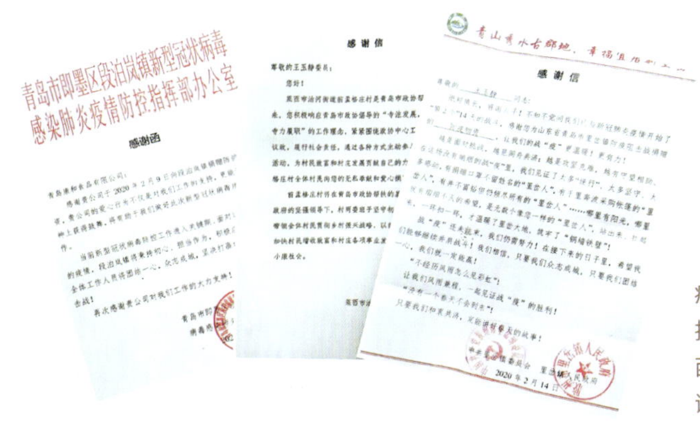
青岛市即墨区段泊岚镇新型冠状病毒感染肺炎疫情防控指挥部办公室

感谢函

感谢信

感谢信

疫情期间，因多次参与为各乡镇捐助防疫物资的活动，胶州、莱西、即墨乡镇政府专门发来的感谢信。

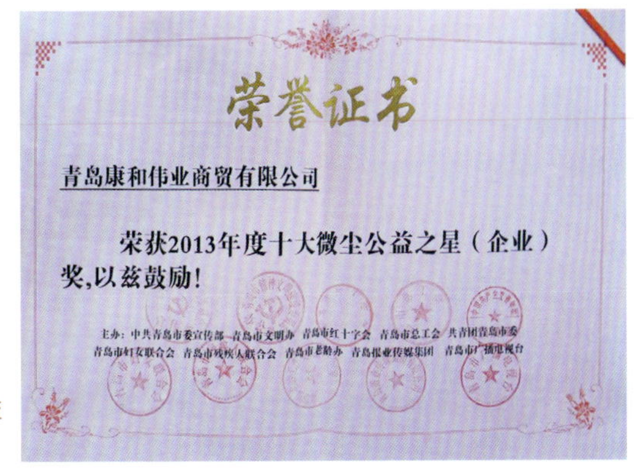
荣誉证书

青岛康和伟业商贸有限公司

荣获2013年度十大微尘公益之星（企业）奖，以兹鼓励！

主办：中共青岛市委宣传部 青岛市文明办 青岛市红十字会 青岛市总工会 共青团青岛市委 青岛市妇女联合会 青岛市残疾人联合会 青岛市老龄办 青岛报业传媒集团 青岛市广播电视台

荣获2013 年度“十大微尘公益之星（企业）”称号。

王玉静 青岛市政协委员 青岛农商银行 特约赞助

青岛康和食品有限公司董事长

作为新委员，既有自豪感也有责任感

当选政协委员，现在有"两感"。一方面是一种自豪感，另一方面是一种责任感。对于我们新委员来说，要遵循一个重要原则就是：参政要参到点子上，议政要议到关键处。多提宝贵意见，争取为青岛的建设献策献力。

凤凰网青岛 凤凰新闻 青岛 手机凤凰网 青岛

2017年，参加青岛市政协第十三届一次会议时的提案报道照片。

委员声音

王玉静

青岛市政协委员

青岛新的社会阶层代表人士

小农姑生态农业发展有限公司董事长

建议中小学食堂食品实行统一配送

将建有食堂的中小学纳入统一配送或定点采购体系，严格实行配送企业准入制度和公开招投标制度。成立监督小组，建立不定期抽查制度，随时监督食品的质量与价格，设立学校食安管理委员会，对食堂食材实施检查、监督、评议。

信网 qdxin.cn 长按二维码 阅读更多两会信息

2018年，参加青岛市政协第十三届二次会议时的提案报道照片。

加强对"天网"系统管理

全面排查已建成的城市天网系统，推动公共安全视频监控系统联网，加强日常维修，加强对视频监控系统建设单位的监管。

长按二维码 阅读更多两会信息

2019年，参加青岛市政协第十三届三次会议时的提案报道照片。

王玉静 青岛市政协委员
新阶层代表人士
青岛小农姑生态农业有限公司总经理

推动“人工智能+农业” 助力乡村振兴战略

强化农村网络基础设施建设及智能农业信息服务平台建设，构建农业智能专家系统，运用智能技术为农业生产活动提供科学指导。加大“农业+人工智能”的财政投入，鼓励引导金融和社会资本投入智能农业建设。

2020 年，参加青岛市政协第十三届四次会议时的提案报道照片。

王玉静 青岛市政协委员
新的社会阶层代表人士
青岛小农姑生态农业有限公司总经理

规范中小学校外托管机构管理

近年来中小学生校外托管机构因缺乏标准和监管缺位，存在经营不规范、安全隐患突出等问题。建议校外托管机构加强监管，明确管理主体责任和校外托管机构办理流程及软硬件条件、从业人员资质等，规范审批登记流程。开展托管行业专项清理整顿，推行从业人员持证上岗制度等。

2021 年，参加青岛市政协第十三届五次会议时的提案报道照片。

序 言

年终岁底，收到王玉静委员送来的《言路公心》书稿。一名政协委员，能将自己五年来的提案建议、社情民意、媒体关注等履职文稿和心得感受汇编成册，并不多见。仔细翻看这本厚厚的文稿，面对着翔实的履职内容和书中传递的一名企业家关注经济发展与社会进步，关注民计民生的家国情怀，着实从内心深受感动，欣然答应为她的这本书作序。

人民政协是中国人民爱国统一战线的组织，是中国共产党领导的多党合作和政治协商的重要机构，是我国政治生活中发扬社会主义民主的重要形式，是社会主义协商民主的重要渠道和专门协商机构，是国家治理体系的重要组成部分，是具有中国特色的制度安排。

2017 年以来，十三届青岛市政协在省委、市委坚强领导下，坚持以习近平新时代中国特色社会主义思想为指导，认真贯彻党的十九大和十九届历次全会精神，着力领会把握习近平总书记关于加强和改进人民政协工作的重要思想，深入落实习近平总书记对青岛工作的重要指示要求，积极践行“专注发展、专心为民、专力履职”工作理念，认真履行政治协商、民主监督、参政议政职能，广泛凝聚共识，致力传递政协之声、构建政协之网、打造政协之家、贡献政协之力，充分发挥专门协商机构作用，为推动全市高质量发展作出积极贡献。

政协搭舞台，委员展风采。政协委员是人民政协履行职能的主体。人民政协作用发挥在委员、活力展现看委员、事业发展靠委员。政协的自身建设，政协的素质形象，政协的作为和地位都要靠委员这支队伍来实现。青岛市政协不断创新委员工作机制，突出委员的主体地位，强化委员的主体意识，提升委员的履职能力，政协委员队伍建设呈现出积极进取、蓬勃向上的崭新局面。

全市广大政协委员提高政治站位，主动担当作为，为国履职、为民尽责，以一个个想在前、冲在前、干在前的履职行动，一条条有见地、有智慧、有担当的真知灼见，把握新发展阶段，贯彻新发展理念，融入新发展格局，在“搞活一座城”中担当作为，在“人民至上、生命至上”中共克时艰，在“爱青岛，让青岛更美好”中凝聚共识，在“倾听与商量”中建言资政，以执着成就事业，以奉献绘就人生，以平凡诠释责任，以淡泊折射光华，以实际行动诠释了政协委员不仅是一项政治荣誉，更是一种社会责任。

撷取沧海一粟，尽晓赤胆衷情。政协素有“人才库”“智囊团”之称。全市531 名政协委员，有勇立潮头、攻坚克难的改革先锋，有逆行果敢、身先士卒的白衣天使，有爱岗敬业、誓争一流的英模人物，有埋头苦干、冲在一线的攻坚先进，有心系百姓、为民造福的党政干部……正是这些分布在各行各业的广大政协委员，立足双岗双责双作为，谱写了政协事业的壮丽诗篇，铸就了政协业绩的灿烂辉煌。

王玉静委员就是其中的典型代表。五年来，她热心于政协事业，用心用情用力履职尽责，同心同德同向干出精彩，发挥好委员在本职工作中的带头作用、在政协工作中的主体作用、在界别群众中的代表作用，懂政协、会协商、善议政，守纪律、讲规矩、重品行，深入调查研究，做到建言建在需要时、议政议到点子上、监督监在关键处，树立了政协委员的良好形象。

2020年2月，面对突如其来的新冠疫情，她敏锐地感察到疫情对经济的严重影响，尤其是对个体工商户和中小微企业的巨大冲击，迅速向市政协提交了《关于扶持个体工商户及中小微企业正常复工复产案》，建议鼓励减免个体工商户及中小微企业经营用房的房租，同时对减免房租的个体业主及物管公司予以物质和精神奖励。青岛市政协提案委员会接到这件提案后，第一时间予以督办。为推动这一民生提案落地、落细、落到位，切实解决民生难题，增加就业岗位，帮助个体工商户渡过寒冬，青岛市政协提案委员会、青岛日报社、青岛广播电视台、青岛市私营个体经济协会联合发起“我爱青岛·阳光护苗”行动倡议，号召全市各级政协委员及社会各界力量为个体工商户减免房租。由青岛市政协委员联络活动工作室与青岛日报社、青岛市12345政务服务便民热线共同搭建的“倾听与商量”协商平台是政协委员依托融媒传播优势，引导和动员社会各界积极投身“爱青岛，让青岛更美好”的生动实践。协商活动第一期的主题就是“阳光护苗，为个体工商户纾困”，王玉静委员在节目中继续发出倡议，号召社会各界帮助个体工商户和小微企业纾困解难，恢复发展。

《言路公心》这书名起得很好。作为一名政协委员，出于公心认真履行委员职责，行使话语权，在履职尽责的道路上才能走得正、走得直、走得远。文中记录了王玉静委员在第十三届青岛市政协五年来为国履职、为民尽责的履职历程。作为作家协会成员，她的文笔非常好，每一部分都用古体诗形式做了标题：第一部分是“勤思力行建良策，心系国是与民生——提案与背后的故事”，汇集了五年来她撰写提交的35份提案，涉及经济发展、乡村振兴、文化教育、医疗卫生、环境保护、食品安全、公共交通等方面，关注的是经济发展、社会民生的问题，多数提案附有背景故事；第二部分“专注发展多建言，专心为民勤发声——各类会议发言”，收集了

17篇她在政协常委会、双月协商会等会议上的发言稿件。看得出她善于学习总结的工作习惯；第三部分“不忘初心与使命，代言民意与社情——社情民意与建议”，收录的是她提交的10份社情民意和发展规划稿件；第四部分“热心公益显担当，家国情怀记心上——媒体关注选篇”，记录了她参与社会公益事业方面的内容。有电视广播访谈，也有在“学习强国”、《大众日报》《联合日报》、“今日头条”、“凤凰网”等媒体平台的报道稿件；第五部分“正言正行更文章，笔下传递正能量”，收录了在此期间写的一些随笔、散文，大多关于青岛发展巨变、抗疫英雄归来、红色之旅等题材。书中还收录了这几年她参加社会活动与公益事业的照片。

《言路公心》将王玉静五年来履职的点点滴滴汇涓成河、汇编成册，字里行间留下了她兢兢业业做好本职工作、尽心尽责履行委员职责、心怀大爱投身社会公益事业的情感与情怀，彰显了一名优秀政协委员的责任与担当。

人勤春来早，实干正当时。祝愿全市政协委员们在新的一年，站在新的起点，更加珍惜机遇，珍视荣誉，珍重责任，不忘初心、牢记使命，锐意进取、开拓创新，为加快建设开放、现代、活力、时尚的国际大都市凝心聚力，在新时代新征程再立新功！

李众民

（原青岛市政协副主席）

2021年12月12日

自　序

《言路公心》能付梓成书有点偶然，甚至出乎我自己的意料，因为这本来不在年初的计划范围内。担任第十三届青岛市政协委员的五年中，确实积累了不少资料，但以前并没有明确“为什么要写书”，直到今年10月28日。

10月21日，青岛市政协组织部分政协委员和机关干部举办为期八天的学习研讨班，研讨班在全国政协培训中心北戴河基地举行，49名学员编入全国政协第157期地方政协干部（委员）培训班学习研讨。正是在这次学习中，有幸听到了第十三届全国政协常委兼副秘书长，民进中央副主席朱永新教授的专题授课《如何做一名好委员》，非常精彩！“带着一颗解决问题的心认真撰写提案”“准备大会发言贵在参与重在质量”“深入调查研究，做一名三实委员”等金句迭出。“一名委员不称职就意味着67万人的缺席，一名委员失语就意味着67万人的沉默”，到了青岛市级层面，一名委员代表两万多人，但这些掷地有声的话语很值得警醒与深思。谈到自己的著作《我在政协这五年》时，他说“写作不是为了写作，而是为了更加细致深入的思考；出版不是为了出版，而是为了便于和更多人交流碰撞，激发更多的思考”。这句话使我深受启发，明确了“为什么要写书”。

接下来，就是“如何写”的问题。说是写，其实主要是汇编，要将五年来参政议政工作做个总结，功夫还在平时。

回头看看走过的路，恍然惊觉，时间真如白驹过隙。自2017年青岛市政协换届以来，不知不觉已经五年了。还记得第一次参加两会时，期待之余还有些许兴奋，虽然对政协委员的职责略知一二，但作为政协委员中的“新兵”，对于如何履职还是懵懂的。

于是我选择了一种“方法”，那就是“认真”。认真地学习领悟“政协委员要坚持为国履职、为民尽责的情怀，把事业放在心上，把责任扛在肩上，认真履行委员职责”的内涵，这是习近平总书记对广大政协委员的殷切嘱托，也是政协委员应时刻牢记的使命与准则；认真地贯彻青岛市政协“专注发展、专心为民、专力履职”的“三专”工作理念，紧紧围绕“双岗双责双作为”“五进五送”“倾听与商量”“爱青岛，让青岛更美好”等创新、高效的主题行动进行履职；认真地履行委员职责，发挥在政治协商、民主监督、参政议政及凝聚共识等方面的作用。

果然，“世界上怕就怕‘认真’二字”，在五年的履职历程中，这“认真”两字发挥了巨大作用。

首先是提案工作，提案是委员履职的主要方式之一。算起来，这五年来，经过认真调研分析，共提交了涉及经济发展、乡村振兴、文化教育、医疗卫生、环境保护、食品安全、公共交通等方面提案40多份，如《关于加强城市公共安全系统天网管理的建议》《关于推进农村电子商务示范村建设的建议》《关于加强乡村旅游环境保护的建议》《关于强化民营经济扶持政策普惠性的建议》《关于建立生活垃圾分类回收制度的建议》《关于开展中小学生父母课堂的建议》《关于加快我市医养健康产业发展的建议》等，同时提交了社情民意20多份，均得到相关部门的重视与肯定，许多提案建议已被采纳落实。如疫情期间提出的《关于扶持个体工商户及中小微企业复工复产案》，建议对受疫情影响较大的个体工商户及中小微企业减免税额和房租，引起市政协的高度重视，第一时间予以督办，并与青岛日报、青岛广播电视台等联合发起了“我爱青岛·阳光护苗”活动，号召各级政协委员及社会各界为个体工商户减免房租达1.67亿元，助力个体经济的恢复发展，后续又通过“倾听与商量”平台继续号召为中小微企业及个体工商户纾困解难，产生了良好的社会影响，此提案也因此被评为十三届政协“有影响力提案”之一。另外，2018年在胶州挂职期间撰写的《里岔黑猪品牌产业发展规划》《甘薯三产融合示范园区规划》两篇报告曾在“我为胶州发展献计策”中荣获二三等奖，2019年被授予“青岛胶州市同心智库专家”称号。

每次撰写提案、社情民意，自定的标尺是：“我来自群众，为群众代言，为群众发声，专注于经济社会的高质量发展，关注党政所需、发展所要、人民所盼，实事求是地反映群众关注的热点、难点、痛点问题，尽力促进民生改善，增加民生福祉”。每条提案的背后几乎都有一个故事，呈现的是社会普遍性、典型性问题。当然，有的提案回复与办理情况非我所愿，但我也知道，我看到的可能只是问题的一个方面，具体实践中还有诸多综合性因素要考虑，各项规章制度也需要逐步完善。

再就是各类会议发言。因为每次会议发言均从百十条征稿中精选而来，其中一半以上是各民主党派、工商联及各界别代表发言，只有几条是通过“海选”而来的。荣幸的是，我的稿件经常被选中，在政协常委会、双月协商座谈会等重要会议上进行过多次口头或书面发言，这也是对“认真”二字的最好勉励吧！

本书中也收录了这几年参与社会公益事业的一些内容。刚参加工作时，一次偶然的机会和“微尘”结缘，第一次听到《微尘之歌》中“微尘不是一个人，是一座城市的良心”时，仿佛触碰到心底最柔软的情感，不禁心灵悸动。从那时起，就力所能及地做些扶贫救困的事情。自2013年起，已累计资助了230名“阳光少年”，多次组织参与“春蕾女童”公益行动，也多次参与市政协组织的“五进五送”活动。今年又作为“春蕾女童”梦想导师，对身处困境但乐观向上的特困考生进行资助鼓励。力量有限，但我深信“同写一个爱，严冬不会再来；同写一个爱，小溪将汇成大海。同写一个爱，希望和我们同在，我们在天地间，同写一个爱”，无愧于本心就好！

去年疫情最严峻时，在青岛市政协“战疫情保平安，促发展做贡献”的召唤下，连夜调集价值30多万元防护服、消毒酒精、医疗手套鞋套等物资发往汉阳医院及市内多个社区。因为当时物流不畅，也专门派人到天津拉回军用帐篷，为胶州薛家庄、游家屯、东张应、前小河崖等10个村捐助帐篷，为即墨段泊岚镇、莱西沽河村镇卫生站捐助防护服等医疗物资，尽力为疫情防控、经济恢复发展贡献一份力量，这些事迹也多次被“学习强国”、“统一战线”、“联合日报”、“今日头条”等媒体报道。

作为政协委员，自然要发挥在本职工作中的带头作用、界别群众中的代表作用。五年来，在行业领域积极创新，推动发展首个女性农业垂直电商平台“小农姑”的转型升级，实现食品产业与互联网、绿色餐饮业的跨界融合，同时在信息技术、学生素质教育等领域均取得一定发展，因此荣获“山东蓝海经济创新奖”“青岛市三八红旗手”“青岛市食品行业突出贡献奖”“优秀市政协委员”等荣誉称号。随市政协到甘肃陇南、定西考察调研后，还专门设立了东西消费协作平台，发挥在市场渠道、销售网络、协会资源、品牌宣传等优势，推动西部特色农产品销售，并通过线上线下结合，为青岛和甘肃的东西消费协作助力。

在这五年的履职实践中，我越发意识到多参加各类调研、视察、督导、走访、座谈等活动以及各类主题学习及基层服务的重要意义：积极参加各类调研、督导活动和会议，才能更加“懂政协、会协商、善议政”。因为调查研究是深入了解经济发展和社会生活的重要形式，所以我尽量安排好时间多参加各类调研、考察。自2017年第一次随杨军主席到即墨玫瑰小镇、种业研究中心调研开始，迄今已参加了30多次调研；自2017年参加“走进市办实事，见证民生项目”开始，已有20余次督导活动；自参加“推动农村特色产业融合发展构建现代农业产业体系”双月协商会议开始，已参加40多次会议，这些都为精准聚焦党委政府中心工作和社会热点问题、建言献策积累了丰富素材，也提升了履职能力和本领。

本书中还收录了部分媒体报道，对于客观公正的新闻工作者一直心存敬意，他们在尽心履行着媒体人的职责与使命，表现社会主流价值，传递向上向善的国民精神，每年两会上都有多家媒体配合报道委员们的提案建议，其实都在为民众代言，为社会发展探索，正是在媒体的关注和推动下，一份份真知建言才能更快更广地进入公众视野，引发公众关注，创造社会价值。

书中也收录了我在朋友圈里发过的几篇小文章，内容、文体、篇幅不一，但有一点是相同的，都是自己的心得体会。

原以为，把履职历程汇编成书并非难事，都是现成的文章嘛！但做起来才知道工作量不小，需要反反复复地删减，一遍又一遍地推敲，还是不甚满意，难怪随园先生袁枚说“爱好由来落笔难，一诗千改始心安”。

幸而此间得到了很多领导、朋友们的帮助，才终于成稿。

青岛市政协党组书记、主席杨军的支持与鼓励给了我很大的力量，市政协副主席卞建平的指导与帮助使我明晰了思路。书稿确定后，我去请曾经分管市政协经济界别、已经退休的老领导李众民帮我写序言，他看完书稿后欣然答应，使我顿时很受鼓舞。

北戴河学习期间，青岛市政协副秘书长王维礼肯定、鼓励了我出书的想法。同时，很感谢青岛市书法家协会副主席、青岛画院院长郭强亲自题写书名，并邀请市政协委员、书协副主席杨乃瑞、宋文京、高岩、田文玲等岛城著名书法家帮我题写政协活动主题，这几位书法大家的墨宝，为书里板正的内容增加了艺术气息，使本书增色不少。

在此，我想特别感谢青岛市政协文化文史和学习委员会的张墨英主任，从我有出书的想法开始，到汇编过程中出现的问题，她都热情尽心地指导帮助我，有时晚上十点多还在微信里麻烦她，墨英主任给予我的帮助让我难以忘怀。

还需要说明的是，书中收录了三条联名提案，当时之所以同意联名，确实感到提案的水平、质量是比较高的，观点也是我赞同的，感谢袁永兵、姜玉兰、胡进宇委员邀我联名。另外，书中有的提案没有附相关部门的回复件，这和办理质量无关，只因当时未及时存档保留，特此说明。在这里还想感谢市政协提案办的同志们，去年两会时偶尔路过临时提案办公室，看到刘明辉主任他们通宵达旦地甄选着那些海量提案的场景，确实让人感动。在成书过程中还得到了李轲、王尤起、郑斌等政协机关同志们的大力帮助，耐心地帮我查阅信息、找寻照片、核定资料等，在此真心感谢！

感谢上述所有的朋友，你们的帮助让本书付梓成为可能！

回顾这五年的履职历程，取得过一点成绩，但距离组织之所望、群众之所盼仍有不小差距，未来我将更加努力地投入工作实践中，传达民意、服务民生，建言献策助发展，履职尽责为黎庶。一言一行当自勉，一草一木总关情！

谨以本书作为我在政协履职这五年的阶段性总结，书中的观点仅代表个人观点，如有不妥，敬请读者朋友们批评指正！

王 玉 静

2021 年11 月9 日

目 录

一、勤思力行献方策，心系国是与民生

——提案及背后的故事

1. 传统节日的深情呼唤

—— 一份特殊的“提案”

背后的故事：

这篇并不是真正意义上的提案，而是2007年我在博客上发的一篇文章，那天是端午节，有感于节日氛围越来越淡，“洋节”却似乎大行其道。于是呼吁“对传统节日民俗文化予以培育和保护，弘扬健康向上的民族意识。”如今看来，这算是一篇提案的雏形，虽然行文格式多有不妥，但初心立意和诉求已经接近提案，属于关注发展所需、群众所盼的内容。令人欣喜的是，2008年端午节被列为法定节日。我知道，与这篇文章并没什么关系，但从那时我就意识到，关注社会发展与民生福祉是我们每个公民的责任和义务，因此将文章收录于此。

这几年，突然兴起过圣诞节、情人节、万圣节等“洋节”，并且由最初的商家炒作的商业行为演变成年轻人推崇的时尚方式。此长彼消，传统节日氛围却越来越淡。去年韩国的江陵端午祭申遗成功，更是令众多专家学者们纷纷呼吁要抵制“舶来之物”，并呼吁对中国传统民俗文化予以保护和发扬。但是，反复强调“端午节起源于中国，有2500多年的历史，而韩国江陵端午祭只有1000多年的历史”有什么意义呢？把圣诞节的狂热场面归结为“商家炒作”，甚至怪罪年轻人“对本土文化冷漠和缺乏责任感”，这是问题的根本吗？作为传统文化符号之一的民俗节日陷入今天的尴尬境地，是有其历史原因的。新文化运动期间，对西式文化过度宽容，用行政手段对传统文化进行大网眼筛除，甚至把农历全部废除，而中国传统节日多数与古代历法有关，于是冬至、立春、清明、惊蛰等仅仅成了田间地头农人们用来对照农耕作业的时间点而已；“破四旧 ”又是对传统习俗的一次破坏，念祖怀旧、祭祀都被视为迷信产物予以制止。于是以“农事”“祈福”“祭祖”“孝亲”为核心的传统节日渐渐淡化了；目前法定节日里只列入了春节，其他民族节日更是缺少了发展的土壤，对传统节日的忽视从根本上凸现了传统文化教育的缺失。

我们应该有这样的认知：不是因为“洋节”的浸染使传统节日阵地失守；而是传统节日消沉了，作为传递生活情感的的“洋节”才红火起来。所以不必像对待洪水猛兽似的抵制“洋节”，而应该对传统节日民俗文化予以培育和保护，弘扬健康向上的民族意识。同时，吸收“洋节”中的积极因子，与民族节日的精髓结合起来，只要民族情结在，传统节日民俗文化的传播与传承就有希望。

据报道已有人大代表、政协委员反映，将中秋节、端午节等民俗节日纳入法定节日，这是尊重民族传统文化的表现，自上而下的引导对民俗文化的推动作用自然是巨大的。确实应该加强民俗文化教育，增强传统文化修养，让民族意识融入每个人的思想深处。既然周杰伦的《蜗牛》可以被收录到小学音乐教材中，为什么介绍中秋节、端午节、重阳节等民俗节日起源、历史沿革、节庆习俗的文章不能作为施教文本呢?

当然，传统节日形式还需要创新与发展。每个民族节日能传承到今天源于深厚的文化背景，先祖们赋予了它太多的历史记忆，但有的形式已不适应现代社会需求，只有不断发展传统文化的内涵，才能更好地完成民族文化的传播与传承。除夕夜吃饺子，元宵节吃汤圆，端午节吃粽子，八月十五吃月饼……我们还需要挖掘更丰富的节日符号。韩国的江陵端午祭在世界上影响大是因为多年来韩国有意识地对其节日形式做了创造性的发挥——持续一个多月的江陵庆典上有祭祀、游戏、摔跤、荡秋千、戴面具跳舞以及符合不同群体需求的比赛。而我们的端午节除了挂艾蒿、吃粽子、赛龙舟以外，很少有让大众广泛关注、热忱参与的形式，浅表的形式自然无法承载历史赋予它的丰富内涵。只有将民族传统与新时代精神相结合，创造出大众喜闻乐见的形式，传统文化才更有生命力，我们除夕守岁看春晚就是传统节日创新发展的成功尝试。

将汇集着我们民族文化的传统节日发展下去，不仅仅是民俗学家、文化学者的事情，也是我们每位国人的事情，对于继承民族文化、保持民族特色、增强民族凝聚力有着重要的意义。

毕竟，传统的文化少了，民族精神就会萎缩。

2. 关于购买应急救援服务的建议

提案背后的故事：

2011年5月4日，1名意大利籍攀岩爱好者在浮山主峰被困，生死一线；2016年6月25日崂山区庙石村550米陡崖上3人滑坠，无法实施救援；2017年1月11日，城阳区上马街道一处废弃通信塔，有一名抑郁症患者攀爬到距地面45米高空要跳塔自杀，后经警方劝说，放弃轻生想法，但自己无法下来。最终，这些户外险情的脱危都是由社会力量蓝天救援队完成的，挽回了人民群众和国际友人的生命，此类报道越来越多地出现在民众视野中。

一、我市户外运动突发事件现状

这几年伴随着人民生活水平的提高，以及全民健身运动的蓬勃发展，到户外运动的人越来越多，据不完全统计，每周到周边山头健身运动的人数逐年上升，非防火死封期每周到非景区登山市民高达三万人之多，也相应出现了户外事故频发现象，户外险情呈现出频率高、难度高、伤亡率高的三高特点。面对这些特性，消防指战员因术业有专攻，在个别领域的救援出现了技术短板。同时公安系统警力不足，也影响了突发事件处置效率和紧急施救效果。

二、突发事件民间处理现状

目前，在我市民政系统登记注册从事应急救援的社会组织有7家，另外还有10余家未注册的公益组织。自2010年起，仅蓝天救援队救援次数分别是9次、12次、24次、36次、64次、42次、79次，今年截至4月12

日已经施救18次。逐年增加的灾害事故越来越多，社会力量的参与也越来越多，已成为政府应急救援力量的有力补充。

三、深化政府购买应急救援服务的几点建议

2015年1月1日颁布实施的《政府购买服务管理办法(暂行)》（以下简称《办法》）至今已有两年，《办法》中政府购买服务目录里涉及的各个领域均得到健康有序发展，各类社会组织为社会和谐发展贡献了力量。在《政府购买服务管理办法(暂行)》第三章第十四条第二款中阐述社会力量可以参与涉及防灾救灾等领域且适宜由社会力量承担的服务项目。目前，政府在对防灾减灾开展了服务购买工作，但救灾救援的服务购买还没有开展。

社会救援力量具备行动上机动灵活、项目上综合宽泛、技能上前沿精尖、经验上沉淀厚实，已经创造了比较大的社会效益。但受资金所限，也存在装备差，人员流动性强等问题。应急救灾不同于其他领域，存在着不可预测、不可量化的特点，因此很难做出预算，造成很长一段时间里政府购买服务中无法体现救灾救援这一小项而现实中又急需的情况。

鉴于以上情况，建议在政府购买社会服务中增加应急救灾项目，通过对社会力量综合考评，让专业的社会力量参与到政府应急救援中，为此建议：

1. 将应急救援列入政府采购目录。

2. 增加社会应急救援力量的资金预算，根据实际情况采购合法、专业的社会组织应急救援服务。

3. 应急部门与合法、专业的志愿服务组织进行项目合作，对社会救援组织予以一定支持。

（2017年）

3. 关于推进农村电子商务示范村建设的建议

近年来，互联网已成为经济发展中新的引擎，农村电商也被业内称为最后一片蓝海。发展农村电商意义重大，有利于实现三个改变：农村生产方式、农民生活方式及农业经营方式的改变；有利于实现四个提升：互联网基础建设、农业产业水平、农民收入以及文明素质的提升。因此各地都在大力推动农村互联网基础设施建设，加快农村电商的发展，以促进农村创业创新，带动农民增收致富。

一、我市农村电子商务示范村发展现状

2016 年，我市实施了发展农村电商的“515+X 工程”，有力推动了县域电子商务的发展。目前已建成15 个农村电商示范镇，仅以去年为例，平度云山镇在大樱桃集中上市的季节，多家电商企业云集，月销大樱桃达1000 万公斤；即墨移风店大欧村借助电子商务，实现年销售额2100 万元等等，我市农村电子商务呈现蓬勃发展的喜人态势，但也存在着诸多问题。

二、我市农村电子商务示范村发展存在的问题

一是农村电商发展水平不均衡，有的村镇发展飞快，有的发展缓慢，有的农产品销售供不应求，而有的村镇好产品却缺乏销路；

二是村镇的互联网基础设施水平普遍不高，物流体系不健全，农村电商“最后一公里”问题尤为突出；

三是农村电商投入比较大、农村电商经营者缺乏政策支持，发展规模普遍比较小，也缺乏行业龙头企业带动；

四是农村三产融合水平不高，农村电商与旅游、文化、教育、养老等行业之间没有形成叠加效能；

五是农村电商人才缺乏，面向农民的信息化培训力量不足，农民网上经营意愿度不高。

三、加快我市农村电子商务示范村发展的几点建议

（一）利用“互联网+”的思维和技术，创建“1+2+N”的互联网村镇发展模式。“1”是指搭建一个镇级互联网综合运行平台，功能可以包括运营、服务、管理和创新平台。“2”是指两个中心，即管控中心、大数据中心。N是指若干个农村电商服务站。可以依托村委会、农资社、零售店等建立农村电商服务站，为农民提供惠农信息、物流、保险、旅游、医疗等服务。

通过实施镇级运营+村级服务的模式，以镇带村，村镇融合，促进农村电商的整体发展。

（二）加强农村的信息化建设，全力推进互联网基础设施改造，实现网络进村入户和无线网络全覆盖。

（三）加大对农村电商优秀企业的扶持力度。对具有现代管理水平的农村电商企业给予场地、物流、储运、资金、线下销路等支持，以解决农村电商的制约要素。如借鉴海南电商示范村美兰村的农村电商运营补贴方式，对农村电商服务站的技术升级、团队建设、运营等给予补贴支持。

（四）搭建农村电商融合发展平台，促进农村电商与种植加工、休闲旅游、文化教育、传统商业等深度融合，如结合地区优势，组织“一村一品”“一村优品”的田园旅游节，同时利用广播、电视、报刊、网络等媒体进行电商示范村的宣传推介。

（五）加大对农村电商的培训力度，建立健全为农村电商从业者提供

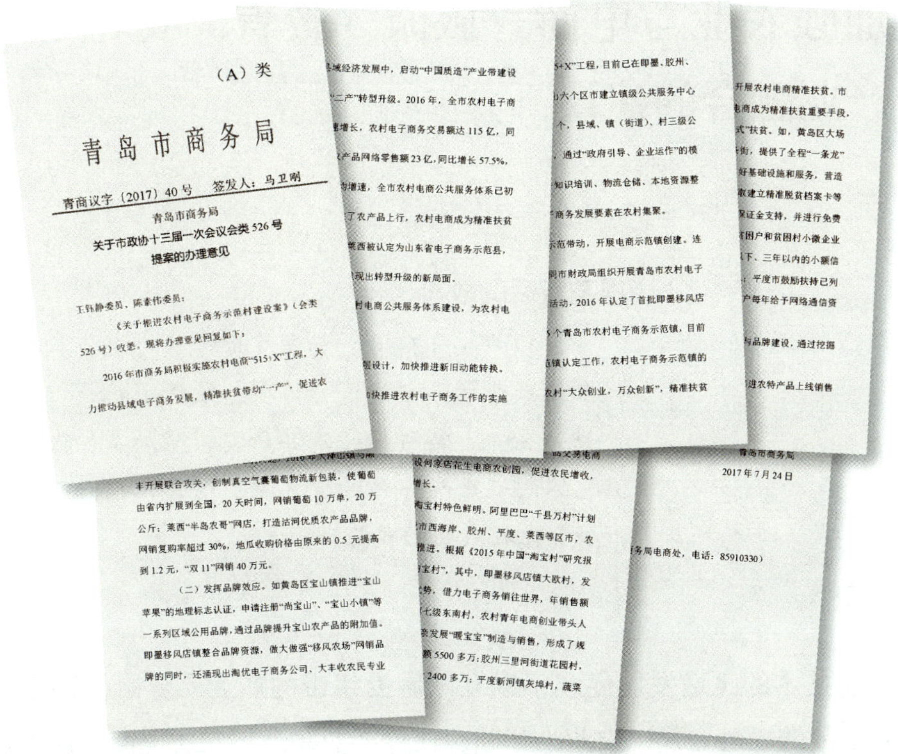

（A）类

青岛市商务局

青商议字〔2017〕40号　签发人：马卫刚

青岛市商务局
关于市政协十三届一次会议会类526号
提案的办理意见

王钰静委员、陈素伟委员：

《关于推进农村电子商务示范村建设案》（会类526号）收悉。现将办理意见回复如下：

2016年市商务局积极实施农村电商“515+X”工程，大力推动县域电子商务发展，精准扶贫带动“一产”，促进农

县域经济发展中，启动“中国质造”产业带建设
“二产”转型升级。2016年，全市农村电子商
增长，农村电子商务交易额达115亿，同
农产品网络零售额23亿，同比增长57.5%，
均增速，全市农村电商公共服务体系已初
了农产品上行，农村电商成为精准扶贫
莱西被认定为山东省电子商务示范县，
现出转型升级的新局面。
村电商公共服务体系建设，为农村电
设计，加快推进新旧动能转换。
加快推进农村电子商务工作的实施

5+X”工程，目前已在即墨、胶州、
六个区市建立镇级公共服务中心
个，县域、镇（街道）、村三级公
，通过“政府引导、企业运作”的模
知识培训、物流仓储、本地资源整
商务发展要素在农村集聚。
示范带动，开展电商示范镇创建。连
同市财政局组织开展青岛市农村电子
活动，2016年认定了首批即墨移风店
个青岛市农村电子商务示范镇，目前
范镇认定工作，农村电子商务示范镇的
农村“大众创业，万众创新”，精准扶贫

开展农村电商精准扶贫。市
电商成为精准扶贫重要手段，
式”扶贫。如，黄岛区大场
街，提供了全程“一条龙”
好基础设施和服务，营造
取建立精准脱贫档案卡等
保证金支持，并进行免费
贫困户和贫困村小微企业
以下、三年以内的小额信
；平度市鼓励扶持已列
户每年给予网络通信资
与品牌建设，通过挖掘
进农特产品上线销售

丰开展联合攻关，创制真空气囊葡萄物流新包装，使葡萄由省内扩展到全国，20天时间，网销葡萄10万单，20万公斤；莱西“半岛农哥”网店，打造沽河优质农产品品牌，网销复购率超过30%，地瓜收购价格由原来的0.5元提高到1.2元，“双11”网销40万元。

（二）发挥品牌效应。如黄岛区宝山镇推进“宝山苹果”的地理标志认证，申请注册“尚宝山”、“宝山小镇”等一系列区域公用品牌，通过品牌提升宝山农产品的附加值。即墨移风店镇整合品牌资源，做大做强“移风农场”网销品牌的同时，还涌现出淘优电子商务公司、大丰收农民专业

设何家店花生电商农创园，促进农民增收，
增长。
淘宝村特色鲜明。阿里巴巴“千县万村”计划
市西海岸、胶州、平度、莱西等区市，农
推进。根据《2015年中国“淘宝村”研究报
宝村”，其中，即墨移风店镇大欧村，发
优势，借力电子商务销往世界，年销售额
七级东南村，农村青年电商创业带头人
亲发展“暖宝宝”制造与销售，形成了规
额5500多万；胶州三里河街道花园村，
2400多万；平度新河镇灰埠村，蔬菜

青岛市商务局
2017年7月24日

务局电商处，电话：85910330）

青岛市商务局答复件

创业指导、政策咨询、信息服务、风险评估等服务的工作机制；建立多层次多方位的培训机制；通过资源对接、创业奖补等方式进行多角度扶持与培育；鼓励支持大学生、外出打工者返乡创业，推动家乡农村电商示范村的发展。

（2017年）

4. 加强农业与电商、旅游、教育、文化等产业融合的建议

提案背后的故事：

2017年5月24日，杨军主席率队对我市构建现代农业产业体系项目进行调研，玫瑰小镇是以玫瑰产业为主导，集种植、产品研发、深加工、园区旅游、休闲娱乐为一体的现代农业综合体项目，是三产融合比较成功的典范。

信息技术的飞速发展促成了以互联网为纽带的产业跨界融合的新模式，农业的跨界融合是以农业为基础，通过产业联动将农村电商、休闲旅游、文化、教育、养老等行业进行深度融合，使生产经营方式单一的农业焕发出新的发展动力，实现与新的市场需求相互促进，协同发展，实现传统农业的转型升级。

我市农业与其他产业跨界融合的农业综合体在近几年取得快速发展，以农业与休闲旅游业跨界融合为例，农村田园游的经营主体达700家以上，休闲旅游农业年接待游客1000万人次以上，收入超过140亿元。

但农业跨界融合发展也存在一定制约条件：一是要求互联互通的基础设施和高效的公共服务，而多数农村的网络通讯、消防安全、医疗卫生、食宿娱乐等基础设施不足，无法满足高度融合的需求；二是农业综合体经营水平有待提高，缺乏开发新业态、新产品、新模式的能力，产品层次浅，产业集聚化程度不高，协调发展力度低；三是由于农业存在着自然和市场双重风险，产业周期长，社会资本和先进成熟的市场要素对农业往往

缺乏兴趣；四是由于农民本身技能素质不高，具有专业经验的经营人才匮乏，抑制了农业的跨界融合。

为促进农业与电商、旅游、教育、文化等产业的深度融合，建议如下：

一、对各镇各村各点的农业发展规划进行全面、细致、精准的定位。根据实际条件、产业体系、资源优势、确定农业业态，避免“一窝蜂式”“扎堆式”的做法。应综合考量自然条件、风土地貌、主导产业、种植传统等因素确定农业与其他能产生叠加效益的产业融合。如在某些特色农产品优势突出的区域设立高效精品农业示范基地，发展生态循环农业、创意农业、探索农业等，也可以引入历史、文化、民族元素，对传统农业种养方式、村庄面貌等进行特色化的改造，发展特色综合农业。

二、鼓励和支持农业企业、家庭农场、专业合作社、协会组织等开展多种形式的农村产业融合发展。支持具有现代农业管理水平的企业整合农业资源，跨界融合互联网、种植生产、休闲旅游、亲子培训等行业，实现传统农业的转型升级，同时将信息技术广泛运用到农业生产、经营、管理和服务当中，发展智慧农场、农村电商、农品定制服务等业态。

三、强化政策、用地和资金支持，加大对农业园区、农业节会和乡村旅游重点村基础设施和公共服务设施建设投入，改善村镇居民用水用电、道路、停车场、餐饮、厕所等服务设施。以点带面、连片开发，为打造农业与旅游、教育、文化、健康养老等产业融合创造优良生态环境。

四、在现代农业综合体创建中注入文化内涵。从简单的种植生产向科普农业、休闲农业等方向创新发展；在经营规模上，由一家一户的分散状态，向园区和集群发展转变。加强农村传统文化保护，合理开发农业文化遗产，鼓励现代农业经营主体培育以互联网社群服务、生态田园游、自然科学体验教育为核心，将农业与传统文化融合发展的，统筹利用现有资源建设农业教育和社会实践基地，推进农耕文化教育进校园，引导公众特别

（A类）

青岛市农业委员会

青农提案字〔2018〕19号　　签发人：由翠玉

对市政协十三届二次会议

第546号提案的答复

王玉静委员：

您提出的“关于农业产业跨界融合发展案”的提案收悉，现答复如下：

近年来，青岛市以推进农业供给侧结构性改革为主线，加快转变农业发展方式，先后下发了《关于推进农村一二三产业融合发展的实施意见》（青政办发[2017]24号）、《关

青岛市农业委员会答复件

是中小学生参与农业科普和农事体验。

五、鼓励新型经营主体利用互联网、物联网技术，在农产品、生产生活资料以及工业品下乡等购销活动中开展新融合模式。通过电商将休闲旅游、产销直供、消费体验和个人定制等供应链打通，形成前后相连、上下衔接的产业集群，通过广泛应用信息技术促进农业与现代科技实现产业链叠加效益。

（2018年）

5. 关于鼓励工商企业下乡、促进城乡融合发展的建议

当前，我国主要矛盾已经转变为“人民日益增长的美好生活需要和不平衡不充分的发展之间的矛盾”。这其中的一个“不平衡”就是城乡发展的不平衡，解决这个“不平衡”的重要途径在于一二三产业互相促进，协调作用，实现城乡融合发展。

而目前三个产业的生产要素相对独立、各自封闭，制约了城乡融合的发展，比如农村金融市场的封闭、涉农资本市场的冷遇、生产要素市场流动不畅、城乡公共服务标准的不均等。如果能将二、三产业经营主体工商企业融入到农业发展中，才有利于实现城乡要素的对等交换、城乡社会资源合理配置和公共服务均等化，因此建议，鼓励工商企业下乡，促进城乡融合发展。

一、鼓励工商企业资本下乡。农业的规模化、产业化发展需要大量资本注入，而农民、合作社、农业经营组织发展的主要制约因素是资金问题。鼓励工商企业向农业领域投资，促进农业产业化、规模化、集约化发展，鼓励工商企业投资发展高标准设施农业、现代种养业等新农业经济形式，并支持工商资本进入农村生活服务业；同时推进农村金融、农村资本市场体制创新，拓宽农业融资渠道，为农村发展提供金融支持。

二、鼓励工商企业技术下乡。鼓励具有技术资源优势的工商企业下

乡，开展科技服务，促进农业科技成果转化，同时也鼓励工商企业以技术入股、技术租赁经营等形式，让一二三产业结成利益共同体，共同推进产业融合发展。

三、鼓励工商企业项目下乡。鼓励工商企业带着优势项目到农村投资兴业，支持工商企业发展高效种养殖、农产品深加工、观光农业、新兴技术农业等有利于促进农村产业融合，实现可持续发展的项目。

四、鼓励工商企业送人才下乡。人才是发展的根本。鼓励工商企业发挥其技术、管理人才优势，积极引导管理技术人才走进农村，走入农户，发展科技新型农业，促进三产融合，带动农村发展。同时通过优厚待遇与发展机遇鼓励农村走出的人才实现逆向流动。

（2018 年）

6. 关于解决火车站周边打车难题的建议

提案背后的故事：

2017 年8 月9 日，从外地返青，正遇到火车站管理办公室对车站周边乱停车、乱拉客、占道经营等现象进行突击检查。现场查处各类交通违法行为13 起，查扣违法摩托车3 辆，电动三轮车1 辆……

作为城市的窗口，火车站周边环境能直接反映出一个城市的文明程度。火车站周边的交通问题又是很多城市面临的问题，火车站周边交通顽疾不解决，它就会像美丽的风景画上贴着黑胶布一样影响城市形象。近几年，青岛火车站周围交通治理情况卓见成效。火车站东出站口外有明显标识的出租上客区，西出站口有车辆隔离带，便于乘客上下车，周围乱停乱靠、占道经营等现象明显减少，多处电子眼随时看护着交通秩序。但火车站周边仍然存在着一些乱象。

1. 有外地游客反应火车站打车难的现象。打车难的现象主要集中在火车站东站口泰山路方向，乘客从东门地下出站口出来后就是通向两个方向的台阶，走南向的台阶可以去到出租车等候区域，但是很多乘客走北向的台阶，上了台阶后直接在马路边招手打车，造成泰安路交通压力加大；而西站口，广州路路边设有围栏，乘客只能站在马路上打车，相关部门无法对出租车进行统一管理。目前仍未形成固定的集中等候区，致使打车仍然很难。

2. 存在某些不法出租车拒载、挑客、不打表漫天要价等违法违规行

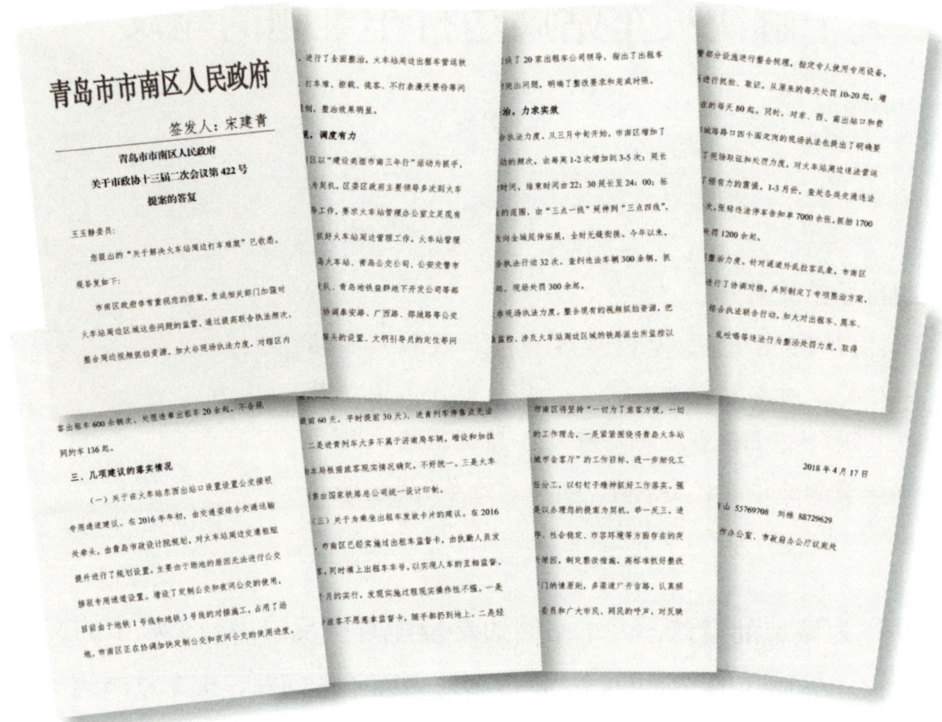
青岛市市南区人民政府

签发人：宋建青

青岛市市南区人民政府
关于市政协十三届二次会议第422号
提案的答复

王玉静委员：

您提出的“关于解决火车站周边打车难题”已收悉，现答复如下：

市南区政府非常重视您的提案，责成相关部门加强对火车站周边区域这些问题的监管，通过提高联合执法频次，整合周边视频抓拍资源，加大非现场执法力度，对辖区内

……

客出租车600余辆次，处理违章出租车20余起，不合规网约车136起。

三、几项建议的落实情况

（一）关于在火车站东西出站口设置设置公交接驳专用通道建议。在2016年年初，由交通委综合交通运输枢纽牵头，由青岛市政设计院规划，对火车站周边交通枢纽提升进行了规划设置，主要由于场地的原因无法进行公交接驳专用通道设置，增设了定制公交和夜间公交的使用，目前由于地铁1号线和地铁3号线的对接施工，占用了场地，市南区正在协调加快定制公交和夜间公交的使用进度。

……

2018年4月17日

青岛市市南区人民政府答复件

为。据了解，火车站周围绝大多数都是合法经营的出租车司机，但也有一些专门挑客、“宰客”的不法司机，甚至常年与执法人员“打游击”，严重影响了出租车营运秩序和游客对青岛的印象。

为此建议：

一、在火车站出口处设置清晰的出租车专用通道、公交接驳通道指示牌，在火车站东出站口设置分道栏杆，南向为乘坐出租车专用通道，北向为乘坐私家车或公交车专用通道，通过明显的通道指示标识，引导旅客分流，条件成熟时启动专用通道的建设工作。

二、西出站口同样设置分道栏杆，做明显的通道指示标识，南向通道为步行或乘坐公交车专用通道；西向为乘坐出租车通道，并设立出租车等

候区域，设置蛇形围栏引导旅客有序乘车。

三、由城管、运管、公安和交警部门联合执法，持续整治火车站周边交通秩序。交通执法人员加强火车站周边区域出租车营运秩序的监管，严厉查处出租车拒载、“宰客”等违章行为，对违法违规司机加强监管，采取吊销驾驶执照、取消营运资格等严厉手段彻底铲除。

四、在火车票上清晰地标注出列车到站后的出站口，避免旅客混淆东西出站口，接送车东西站来回跑，旅客四处找路的现象，有利于减小火车站周围的交通压力。

五、为乘坐出租车的乘客发放写有号牌的卡片，引导乘客索要票据，对疑似不法出租车予以登记，为保障乘客权益提供充足的证据。

（2018 年）

7. 关于开展初中生“父母课堂”的建议

提案背后的故事：

2018 年，网上报道了多起初中生不堪学习压力或家长强压而跳楼自杀的惨剧。孩子的学校也发生了女学生因压力过大而患上抑郁症无奈休学的情况，于是开始关注初中生的升学压力问题，注意到初中生父母的观念与引导至关重要。

目前初中生学习压力大、课业负担重、周末忙于参加各类课外辅导的现象非常普遍，有的孩子甚至出现生理、心理的健康问题，已是不争的事实。究其原因，主要是来自中考压力：目前普职比例基本为1∶1，普通高中的办学水平、教学资源也不均衡，家长或老师都希望孩子考最好的学校，这也使得中考的压力甚至比高考都要大。中考政策是根据国家人才分配综合考虑制定的，是为了促进普职协调发展。但是如果家长过分地给学生制造压力，效果会适得其反。只强调给孩子减轻课业负担，加强课外辅导班的严管，都不能从根本上改变目前中学生中考压力大的问题，最有效的是转变观念。适合的才是最好的，有的学生操作技能性强，比较适合职业技术教育，而技校毕业生就业率高，收入也不低，目前技术性人才供不应求。而家长们的观念还是以为上大学就是脑力工作，职业技能人员就是体力工作。这其实是个误区，比如德国的制造业非常发达，在德国，产业工人是很让人自豪的职业，职业技术人员是很受社会尊重的。

目前缺乏对孩子未来的职业规划、心理导向及先进教育理念的系统学习。而对家长的观念引导教育，是改变“人为增负”的现实途径，为此建

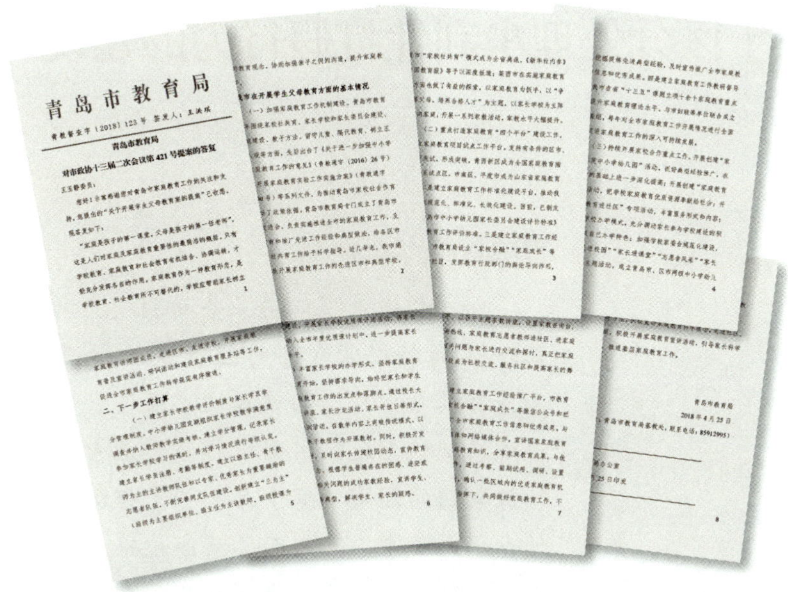

青岛市教育局

青教督办字〔2018〕123号 签发人：王洪琪

青岛市教育局

对市政协十三届二次会议第421号提案的答复

王玉静委员：

青岛市教育局答复件

议开展初中生“父母课堂“，提倡让父母好好学习，孩子天天向上。

针对初中生家长的观念进行引导与教育，特提出以下建议：

1. 父母德高，子女良教，由教育部门授权专业机构开设父母课堂，由专业人士编写针对父母的线上、线下家庭教育课程教材。让学生家长通过网络授课或现场课堂的方式上课，把父母的家庭教育提升到战略高度。

2. 教育部门牵头，聘请专业人士走进学校。开启家庭教育父母大课堂，为中学生的家长讲授孩子未来职业规划与升学的多重选择问题。从家长的角度解决目前中学生对未来焦躁不安、压力过大的思想认识问题。

3. 引导家长教授孩子建立精准有效的靶向学习——问题导学方法。在父母大课堂里，可以收集学生的困惑和迷茫或学习型问题，进行答疑解惑，再由专业的研究机构做大数据分析和教学产品生成，最后推向社会，使学习更加精准有效，使更多学子摆脱重复无效的作业苦海。

（2018年）

8. 关于区分处理牟利性打假行为的建议

提案背后的故事：

和一位做商贸流通业务的朋友交流时得知，其在** 客商超经营食品时经常遭遇所谓的顾客索赔（并非质量问题，而是因文字表述、字号之类），最近又被**（地区）帮以打假之名索赔三万元，同时被索赔的还有多家食品企业，经过协商，每家赔付五千元了事，否则面临被商超勒令暂停销售的风险。这种恶意索赔现象竟如此猖獗，甚至有了分区域、分类别的职业“维权人”，商超也没有公正地履行经营平台的责任。

近年来，在一些大型商超中活跃着一批所谓的“打假人”，不是传统意义上买到假冒伪劣产品进行权益索赔的，而是分地域、有组织地冒充消费者，通过夹带购买、场外调包、存旧讹诈和恶意诋毁等非常规行为，有时寻找标签瑕疵对商超经营者、生产者进行多倍索赔，多方频繁投诉举报、未获赔偿就申请行政复议等，占用了大量行政资源，牵扯质监执法人员精力，不同程度侵害经营者经营权利，也给良性市场秩序带来极大的负面影响。这种恶意行为究其原因，一方面是“10 倍赔偿”的高收益驱动，同时也有现实原因如下。

一、投诉举报的便捷性为恶意打假人提供了低门槛。一个电话、一封信，甚至一条线索，与行政诉讼相比，更不需出庭应诉，而且处理周期短、收益见效快。在商场对厂家施压后，几个小时就能获得少则几千元，

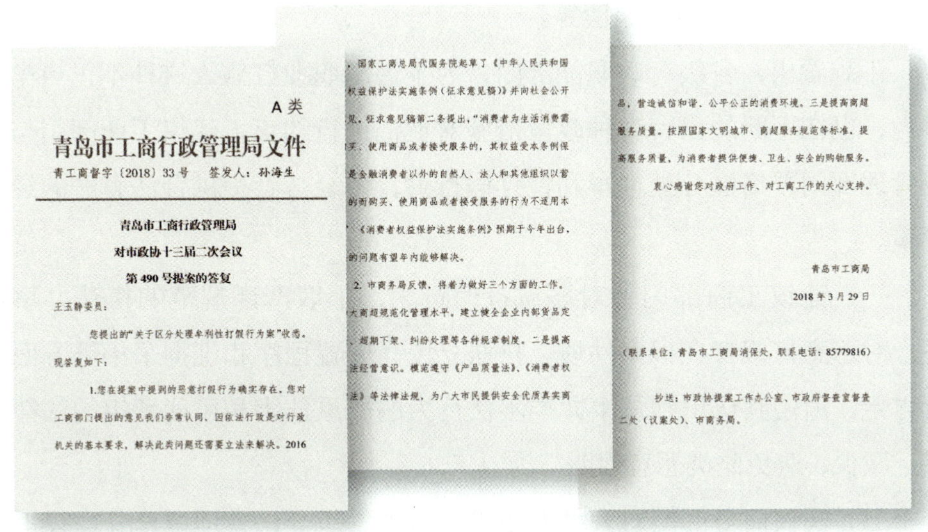

A 类

青岛市工商行政管理局文件

青工商督字〔2018〕33 号　签发人：孙海生

青岛市工商行政管理局
对市政协十三届二次会议
第 490 号提案的答复

王玉静委员：

您提出的“关于区分处理牟利性打假行为案”收悉。现答复如下：

1.您在提案中提到的恶意打假行为确实存在，您对工商部门提出的意见我们非常认同，因依法行政是对行政机关的基本要求，解决此类问题还需要立法来解决。2016

，国家工商总局代国务院起草了《中华人民共和国
权益保护法实施条例（征求意见稿）》并向社会公开
见。征求意见稿第二条提出，“消费者为生活消费需
买、使用商品或者接受服务的，其权益受本条例保
是金融消费者以外的自然人、法人和其他组织以营
的而购买、使用商品或者接受服务的行为不适用本
《消费者权益保护法实施条例》预期于今年出台，
的问题有望年内能够解决。

2. 市商务局反馈，将着力做好三个方面的工作。
大商超规范化管理水平，建立健全企业内部货品定
、超期下架、纠纷处理等各种规章制度。二是提高
法经营意识，模范遵守《产品质量法》、《消费者权
法》等法律法规，为广大市民提供安全优质真实商

品，营造诚信和谐、公平公正的消费环境。三是提高商超服务质量，按照国家文明城市、商超服务规范等标准，提高服务质量，为消费者提供便捷、卫生、安全的购物服务。

衷心感谢您对政府工作、对工商工作的关心支持。

青岛市工商局

2018 年 3 月 29 日

（联系单位：青岛市工商局消保处，联系电话：85779816）

抄送：市政协提案工作办公室、市政府督查室督查二处（议案处）、市商务局。

青岛市工商局答复件

多达几万元的赔偿，如未获赔偿就投诉举报，一般只需一个月左右便可获得赔偿。后续手段多，如果对处理结果不满意，就申请行政复议或者行政诉讼，还会利用网络抹黑的方式施加压力，达到最终目的，获得高额赔偿。

二、大型商场、超市等经营场所为了避免负面影响，往往采取息事宁人的态度，直接要求厂家赔偿处理，否则在调查期间要求厂家撤柜或暂停销售，厂家为了避免更大损失，只好与投诉人私下和解，更滋长了这种影响经营秩序和社会风气的行为。

国家工商总局已在《消费者权益保护法实施条例》中对以营利为目的知假买假行为作出不适用消费者权益保护法的规定。但对食品、药品类商品，目前是“逐步限制职业打假人的牟利性打假行为”。山东省食品药品监督管理局下发《山东省食品药品监管系统执法办案指导意见（一）》对标签瑕疵的认定与处理有了新的说明：比如错别字、标签符号、数值标注、净含量数字高度、外文字号、食品名称、外文翻译等不影响消费理解

的问题不适用10倍以上赔偿等。

不难看出，各级行政职能部门，为了遏制职业打假人这种不正当牟利行为，也在不断的出台各种政策措施对他们进行约束，建议工商部门与商超管理部门严格区分处理牟利性打假行为，为经营者提供合法有序的经营环境。

一、建议工商部门针对恶意打假行为，采取严谨规范的执法办事程序，对恶意打假者在报案性质、执法立场、处置程序和证据采集等方面进行界定，迫使其认识到从事此类不法行为的严重危害和可能承担的法律后果，减少、避免此类恶意索赔行为。

二、建议商务部门对大型商超进行管理、指导，合理区分处理投诉事件，确属产品质量问题严肃处理，绝不姑息；但也不能纵容恶意投诉、具有讹诈性质的行为，大型商超有义务保护生产厂家的合法权益，维护良好的市场经营环境。

三、鼓励生产经营者，利用法律武器予以维权，保护合法经营权益，以遏制不良风气，维护良好的经营秩序。

（2018年）

9. 关于推进“太极文化进校园”的建议

提案背后的故事：

喜爱太极运动，习练多年后，深谙其强身健体、怡养身心方面的益处。有感于当下中小学生在校内运动量不足、运动方式单一以及身体素质不强的现状而提出此建议。

中华武术是中国传统文化的一部分，而太极拳是中华武术的瑰宝之一，它具有丰富的文化内涵，也是适应现代人强健体魄需求的运动形式。它不只是老年人强身健体的运动，中小学生习练太极拳更有着重要的意义。

1. 有利于学生增强体质，促进发育；

2. 有利于学生培养传统文化底蕴；

3. 有利于学生锻炼意志力，稳定情绪，培养良好的心理品质；

4. 有利于学生纠正不良身体姿势，全面提升身体素质；

5. 有利于学生缓解学习压力，提高校园生活兴趣；

6. 有利于丰富学校文化内涵，推进素质教育的全面发展。

因此，建议在全市中小学师生中开展“太极文化进校园”健身活动，将太极运动融入体育课与校园生活中。为了切实保障全市“太极文化进校园”活动有序、有效开展，建议如下。

一、成立“太极文化进校园”活动推进小组，负责领导全市中小学太极拳文化运动的普及，指导、检查与评价工作。并组织邀请水平高、有影响的太极拳协会组织派驻专人到各校指导、教授太极拳。

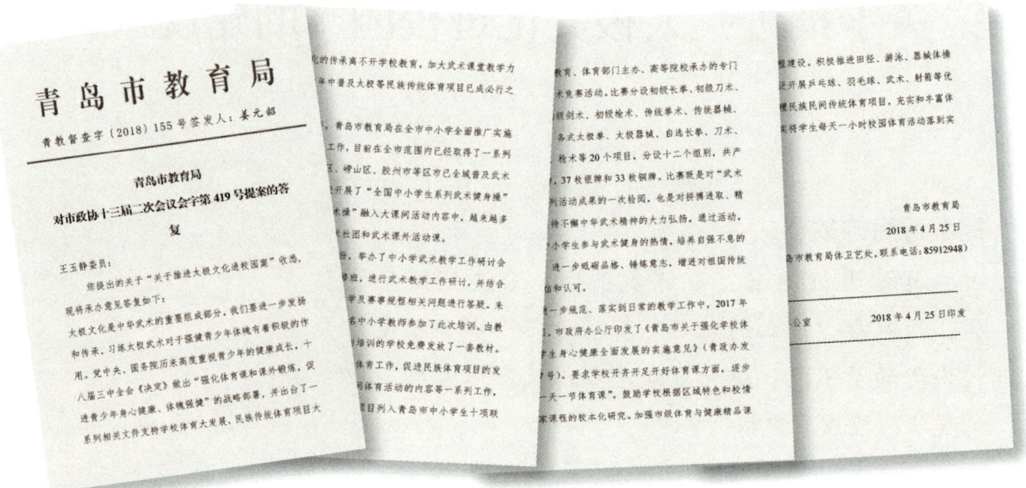

青岛市教育局

青教督查字（2018）155号签发人：姜元韶

青岛市教育局
对市政协十三届二次会议会字第419号提案的答复

王玉静委员：

您提出的关于"关于推进太极文化进校园案"收悉，
现将承办意见答复如下：
太极文化是中华武术的重要组成部分，我们要进一步发扬
和传承，习练太极武术对于强健青少年体魄有着积极的作
用。党中央、国务院历来高度重视青少年的健康成长，十
八届三中全会《决定》做出"强化体育课和课外锻炼，促
进青少年身心健康、体魄强健"的战略部署，并出台了一
系列相关文件支持学校体育大发展，民族传统体育项目大

化的传承离不开学校教育，加大武术课堂教学力
年中普及太极等民族传统体育项目已成必行之

，青岛市教育局在全市中小学全面推广实施
工作，目前在全市范围内已经取得了一系列
区、崂山区、胶州市等区市已全域普及武术
开展了"全国中小学生系列武术健身操"
术操"融入大课间活动内容中，越来越多
社团和武术课外活动课。
，举办了中小学武术教学工作研讨会
修班，进行武术教学工作研讨，并结合
学及赛事规程相关问题进行答疑。来
名中小学教师参加了此次培训。由教
培训的学校免费发放了一套教材。
体育工作，促进民族体育项目的发
间体育活动的内容等一系列工作。
项目列入青岛市中小学生十项联

教育、体育部门主办、高等院校承办的专门
术竞赛活动。比赛分设初级长拳、初级刀术、
级剑术、初级枪术、传统拳术、传统器械、
各式太极拳、太极器械、自选长拳、刀术、
枪术等20个项目，分设十二个组别，共产
，37枚银牌和33枚铜牌。比赛既是对"武术
列活动成果的一次检阅，也是对拼搏进取、精
持不懈中华武术精神的大力弘扬。通过活动，
小学生参与武术健身的热情，培养自强不息的
进一步砥砺品格、锤炼意志，增进对祖国传统
信和认可。
一步规范、落实到日常的教学工作中，2017年
，市政府办公厅印发了《青岛市关于强化学校体
学生身心健康全面发展的实施意见》（青政办发
号）。要求学校开齐开足开好体育课方面，逐步
一天一节体育课"。鼓励学校根据区域特色和校情
家课程的校本化研究。加强市级体育与健康精品课

程建设。积极推进田径、游泳、器械体操
逐开展乒乓球、羽毛球、武术、射箭等优
理民族民间传统体育项目，充实和丰富体
实将学生每天一小时校园体育活动落到实

青岛市教育局
2018年4月25日

岛市教育局体卫艺处，联系电话：85912948）

公室　　2018年4月25日印发

青岛市教育局答复件

二、各中小学积极开展传统太极武术的宣传活动，广泛宣传，营造氛围，使太极文化理念深入人心。通过宣传，以学生带动家长，吸引家庭和社会力量共同支持并且参与"太极文化进校园"活动。

三、要求各中小学的教师和学生利用课间操和课外活动时间进行太极拳的培训，首先培养体育教师学会太极拳，再逐步将太极运动作为学校的体育课程。

四、开展丰富多彩的太极拳交流研讨活动，以调动广大师生习练太极拳的积极性，促进"太极文化进校园"运动的开展。

五、有步骤地推进"太极文化进校园"运动：

第一阶段：教师普及阶段。本阶段的主要任务是要在中小学校体育教师、教师中全面普及开展太极拳教学工作，教师应首先掌握对应的太极拳基本动作、技巧与功法。

第二阶段：学生学习阶段。本阶段的主要任务是各中小学充分利用太极拳课、课间活动时间积极组织学生学习训练，促使学生能够熟练掌握太极拳基本动作、技巧与功法。

第三阶段：巩固提高阶段。积极开展太极拳展演比赛活动阶段。本阶段的主要任务是组织开展太极拳展演及比赛活动，充分调动广大师生学练太极拳的积极性，促进校园太极拳运动的发展。

第四阶段：坚持落实阶段。本阶段的主要任务是各中小学把太极拳运动作为一项常规性的工作落实到日常的教学工作中来，把太极拳作为课间操及课外活动的一项主要内容，并全面推进，形成中小学校园文化的一道亮丽的风景。

（2018 年）

10. 关于加强乡村旅游环境保护的建议

提案背后的故事：

周末，和家人开车去参加樱桃节，堵车达五个小时。山路上水泄不通，嘈杂的鸣笛声此起彼伏，刺鼻的尾气弥漫在空中。乡村旅游本来是现代人周末度假、放松身心、亲近大自然的休养方式，但如果规划不合理、管理不到位就适得其反了，同时对乡村环境还造成严重的破坏。

"根据国办意见，到2020 年，全国将建成6000 个以上乡村旅游模范村，形成10 万个以上休闲农业和乡村旅游特色村、300 万家农家乐，乡村旅游年接待游客超过20 亿人次。"通过这些数据我们能看出我国未来乡村旅游发展趋势，但我们也应该看到乡村旅游将带来的有关环境的问题。

一、我市乡村旅游发展现状

青岛市近几年乡村旅游业发展迅速，乡村旅游特色镇、特色村、特色点等相继评定，并呈现方兴未艾之势。在《青岛市促进乡村旅游发展提质升级行动方案》中提出，到2018 年年接待人数2900 万人次，乡村旅游消费规模达160 亿元，带动约10 万户农民受益。但是在13 个行动计划中，并未涉及与之对应的环境保护问题。

二、但是日趋火热的乡村旅游也带来了一定的环境污染问题：

1. 生活垃圾和旅游活动污染，随着乡村旅游的发展，乡村旅游地区用水量、排污量、生活垃圾都大量增加。

2. 噪声污染。随着游客的蜂拥而至，机动车发动机声、游船马达声、

（B类）

青岛市旅游发展委员会

青旅案字〔2018〕20号　　签发人：胡乐常

关于对市政协十三届二次会议

第420号提案的答复

王玉静委员：

您提出的《关于加强乡村旅游环境保护案》的提案收悉，现答复如下：

首先感谢您对我市乡村旅游所作的深入调研和探讨，给我们提出了很有价值的建议，我们将在工作中认真借鉴和吸收。

近年来市委市政府非常重视发展乡村旅游，坚持把发展乡村旅游作为打造国际化旅游目的地城市的重要组成部分，通过完善政策、建立健全规划体系、创建乡村旅游品牌等措施，为乡村旅游的发展注入了强大生机和活力。截至目前，已经培育国家级、省级、市级乡村旅游品牌630余家，涉及渔家风情、休闲山林、滨河生态、温泉养生、田园休闲、历史民俗等多种业态。

一、关于有序有节

我委于2014年编制了《青岛市乡村旅游专项规划（2015—2020）》，规划中提出要优化乡村旅游生态环境，结合城镇化发展，推动生态文明建设，倡导生态文明、维护生态安全，加大乡村生态资源环境保护力度，完善乡村环保设施，形成乡村旅游与生态环境互动共赢发展局面。

二、关于制订区域性乡村旅游保护规章制度，填补乡村旅游景区的监管空白和积极指导管理，妥善处理区域性环境污染问题

在乡村旅游景区创建时，我委均要求创建单位提供符合环境要求的“环境影响评价报告”，并且为加大监管力度，我委发布了《青岛市旅游景区实行生态化环境规范化管理举措》，一是引导景区管理理念的生态化转型，秉承人与自然和谐共处的法则，确立“绿色旅游”的新理念，确立“红瓦绿树、碧海蓝天”作为我市旅游主题形象，通过广泛宣传发动使“绿色旅游”的理念真正深入人心，让每一个管理者、每一个工作人员乃至每一个游客都树立起保护自然环境的观念。二是规范对乡村旅游景区的生态化行业管理，把“以旅游发展促进生态保护，以生态保护促进旅游发展”的思想贯穿于景区规范化管理的全过程。在乡村旅游景区的创建、复核过程中严格落实《旅游景区质量等级的划分……国家标准，将旅游景区生态环境的保护纳入景区规范化管理的全过程，定期对重点乡村旅游景区进行空气环境质量检测，确保环境质量达到生态化要求。

三、关于旅行团、旅行社等组织者的环保宣传要求

广大游客和当地农民既是乡村生态环境保护工作的主力军，更是最大的受益者。我们把当地居民和外地游客纳入到景区环境保护的体系之中，使之成为监督、批评和参与的重要力量。通过倡导、引导、疏导、指导的方法，使旅游各个层面认识到保护环境的紧迫感、危机感和责任感，增强其主人翁观念和忧患意识，变被动的、强制的环保为自觉主动的参与。并且结合自然景观特点开展内容丰富、形式多样的宣传教育活动，不断提升旅游宣传教育的科学趣味性、参与性。充分利用各种媒体开展多层次、多……的舆论宣传和科普宣传，积极引导游客从自身做起自……培养环境忧患意识、增强环保理念，参加环保实践。

四、关于乡村旅游景区承载力实行景区预警制

为加强景区流量控制，我委发布了《关于加强旅游景区流量控制工作的通知》（青旅管字〔2015〕2号），“通知”要求一是科学核定与发布旅游景区最大承载量，严格控制人员进出；二是建立和完善旅游景区流量控制机制；三是加强指导监督，确保全覆盖无缝隙。

多年来，各位委员一直关心关注乡村旅游的发展，为我市乡村旅游的发展作了大量工作，提出了很多建设性的意见和建议，对此表示衷心的感谢。今后，我们将认真研……有效措施，不断开拓创新，加大工作力度，推动我市乡村旅游发展再上新台阶、迈出新步伐。

2018年4月23日

（联系人：邢春兵　联系电话：85912033）

抄送：市政协提案办公室、市政府督查室督查二处（议案处）

青岛市旅游发展委员会答复件

歌舞喧闹声以及游客的喧哗声打破了乡村生活的宁静，大量汽车积压、尾气也会形成污染。每年樱桃节、葡萄节、田横岛海祭等较大型农旅节沿路水泄不通，堵车达6 个小时以上都很正常。

3. 建设项目带来的污染。乡村旅游开发和发展阶段，对食宿、娱乐、养殖等设施进行建设或扩建时都会对环境造成一定破坏和污染。

4. 社会环境污染 ，乡村旅游一方面促进当地经济发展，但对当地传统文化和社会环境也造成负面冲击。乡村旅游的商业利益刺激甚至影响了淳朴、厚道的民俗民风。

三、关于乡村旅游环境保护发展的几点建议：

1. 将乡村旅游纳入有序的管理范围是解决环境问题的基础，在旅游开发阶段要做好科学规划，避免植被与水土破坏。乡村旅游的发展首先要考虑环境保护，保护景区生态平衡，促进乡村旅游有序、持续的发展。

2. 制定区域性的乡村旅游保护规章制度，填补乡村旅游景区的监管空白。在审批环节增加对经营的环保准入要求，保护乡村旅游环境，保证乡村旅游的质量和品味。

3. 相关部门积极指导和管理，妥善处理区域性环境污染问题。把环境影响评价和考核运用于工作实务中，将环境保护成效纳入业绩考核范围，强化环境保护意识。

4. 加强旅行团、旅行社等组织者的环保宣传要求。进入景区前要加强环保宣传与行为规范的讲解，有助于养成文明出游的社会意识和行为习惯。

5. 根据乡村旅游景区承载能力实行景区预警制。乡村旅游景区的环境容量，包括对污染物的净化能力和对旅游人群的承接能力是有限的。对乡村旅游接待人数要准确统计，合理控制乡村旅游的承接人数。

（2018 年）

11. 关于对中小学食堂的食品实行统一配送的建议

中小学校园食堂的饮食安全、饭菜质量、伙食价格等关系着广大师生的切身利益和身心健康，所以一直是有关部门和学生家长关注的重点之一。

一、我市中小学校园食堂现状

青岛市现有1100多所中小学校，已有70%以上解决了在校食堂就餐的问题，市教育局计划从2017年起到2019年，实现全市中小学校校有食堂，以满足学生在校就餐的需求。近几年我市通过改造提升学校食堂基础设施、建设标准化食堂、建立学生营养健康状况检测与评估制度等举措，使全市中小学学生的午餐饮食安全保障水平有了明显的提高，青岛市学生营养餐工作走在全国前列，被各地推广与学习。

二、我市中小学学校食堂存在的问题

我市中小学食堂在快速提升改善的同时也存在着一些食品安全隐患。目前已建成食堂的中小学，不少是与餐饮经营公司合作运营。据了解，有的区市已通过招标确定了一些配送公司，但仍有不少学校的食品采购由餐饮公司自行管理，把握食材安全、标准与价格等核心要素的是餐饮经营公司本身。这就存在着为了增加利润，降低采购标准与质量的隐患。更有家长担心是否有转基因食品、地沟油等问题，虽然学校食品管理有明确规定

青岛市教育局

青教督查字〔2018〕164号 签发人：姜 林

青岛市教育局
关于对市政协十三届二次会议会子第464号提案的答复

王玉静、林向峰、陈素伟委员：

您提出的"关于中小学食堂食品实行统一配送案"收悉。现答复如下：

首先感谢王玉静、林向峰、陈素伟等委员对中小学生食品安全工作的关心。市委市政府、市教育局高度重视学生的饮食安全和身体健康。自2014年起连续五年将建设中小学校标准化食堂工作纳入了市政府市办实事，会同市食药局、市发改委、市质监局编印了《青岛市中小学校（托

青岛市教育局答复件

与要求，但因监督渠道单一，取证难度较大，透明度并不高，这就存在食品安全隐患；同时，每个学校的食品采购分散进行，不利于食品质量的保证、溯源管理与采购成本的控制。

三、关于对中小学校园食堂实行统一配送的几点建议

统一配送、定点采购有利于实现中小学校园食品安全源头的快速追溯和有效管控，降低学校食品安全风险，最大程度地保证广大师生舌尖上的安全。

1. 对建有食堂的中小学校纳入统一配送或定点采购体系，配送食品包括米、面、油、肉、禽蛋、蔬菜、水产品、豆制品、调味品等9 大类，以

保证质量过硬，每批次配送食品都经过严格的检验检测，并随货附有批次检测报告；源头清晰，可以随时追溯；责任明确，如果出现问题，可直接追究配送企业责任。

2. 严格实行配送企业准入制度和公开招投标制度。配送企业通过招投标选定，教育局会同市场监督部门对配送企业实行动态跟踪管理，规范配送流程操作，对出现违规情况的企业取消其配送资格；商务局可利用农批市场平台，提供大宗食品批发价格信息，以保证价格的透明性。中标企业提供的食品原料必须是符合质量标准的食品，且配送价格不高于当地市场价。

3. 由各中小学选派食堂采购管理者或熟悉采购的人员组成监督小组，建立不定期抽查制度，随时监督食品的质量与价格；设立由学生、家长、教师等各方代表组成的学校食安管理委员会，对食堂食材实施检查、监督、评议。

4. 配送中标入围单位要求有专业质量检测中心、现代化的监测设备、专职质检员、专业化仓储系统、监控定位系统等，在进入学校前严把质量关。并需配置“校园配送专用车”，凭颁发的专用通行证进出学校。

（2018 年）

12. 关于加快青岛时尚产业发展的建议

（说明：此提案为胡进宇委员的联名提案）

青岛具有浓厚的时尚基因，中国第一个有汽车的城市、中国第一条公路、中国第一台火车机车、中国第一个帆船俱乐部、百年中山路……时尚已经融入了这座城市的骨子里，近些年来青岛啤酒节、帆船之都、电影之都……无一不闪耀着时尚的光芒。

2017 年12 月7 日，省委常委、青岛市委书记张江汀在全市项目现场观摩总结会上指出，要“紧紧抓住创新这个‘牛鼻子’，奋力把青岛建设得更加富有活力、更加时尚美丽、更加独具魅力，在实现社会主义现代化新征程中率先走在前列”。时尚是青岛最鲜明的特征，作为在建设宜居幸福创新型国际城市道路上奋斗的青岛，更加时尚成了必然且唯一的选择。时尚既是一种生产方式，也是一种生活方式，包罗万象。把青岛变得更加时尚美丽，需要统筹方方面面，全市上下勠力同心，共同来建设我们的城市。

一、青岛时尚产业现状综述

时尚产业有狭义和广义之分，狭义的时尚产业特指以服装为主的工业品、奢饰品的设计、生产、消费，广义的时尚产业则包罗万象，涵盖生产生活的方方面面。先说狭义，青岛即墨服装产业发展早、体量大，但技术含量较低，长期以来处于产业链中下游，创新能力不足，近几年来虽然也出现了“东方时尚中心”等以设计师为中心，主打创意的孵化器，与一线城市比起来也是入驻知名设计师少、体量小、影响力较小，更不用提国际知名度。青岛国际时装周举办多年，整体水平与知名时装周仍有差距。再说广义，以浮山湾为中心青岛已初步形成了沿海时尚街区，但也仅局限于市南区，与南方相比，青岛“夜经济”仍相对匮乏，被形容为没有夜生活的城市；众多企业品牌意识、创新意识仍相对匮乏，群众嘴边的名企仍只是海尔、海信、青啤、澳柯玛等寥寥数家。

二、加快青岛时尚产业发展的几点建议

（一）加大对服装产业转型升级扶植力度

1. 扶植服装设计业。制定政策，鼓励、扶植国内国际优秀服装设计师落户青岛，或在青岛设立工作室，将先进的、符合世界潮流的设计理念带到青岛。通过恰当的形式，设置创意产业园，为青岛服装业打造“金脑子”。

2. 打破辖区限制，引导产业对接。目前即墨拥有较大的服装批发产业，纺织业集中在市北区，青西新区的服装设计也开始起步，产业链分布在青岛下属各个行政区内，容易因行政区利益而错失对接良机。应打破辖区限制，各区形成产业互补，共同壮大。尤其是在国内纺织业低迷的情况下，以服装业带动纺织业，又通过先进的服装设计理念，让青岛服装业告别“地摊货”，出精品，培养服装业知名品牌。

3. 升级青岛国际时装周。青岛时装周自2001 年至今已连续举办了7 届，在业界有一定的知名度，但与中国国际时装周、上海时装周相比仍有较大差距，更不用说国际四大时装周。应通过政府扶植、取经等手段，全方位聚拢资源，吸纳世界各地大牌服装设计师，让青岛时装周反哺服装设计、服装制造，互相促进，将时装周做成国内乃至国际的品牌、青岛的城市名片。

（二）发展青岛“夜经济” 2014 年，青岛市出台了《时尚消费品零售业发展规划》，提及建立高端百货及购物中心等，距今已经三年半的时间，形式已经有了变化，可适时启动对该规划的修订。建议打破青岛“夜经济”相对匮乏的现状。高端百货及购物中心的确可以迅速聚拢人气，带动某个片区经济，但无法改变群众的生活习惯。建议今后住宅区均配建一定比例的餐饮、购物、娱乐设施，并针对该住宅区的特点进行定位、招商。大型购物中心是点，分散在住宅区内的消费场所是面，满足老百姓在家门口就可以消费的需求，让逛街成为一种生活习惯，打造青岛不夜城，而非“闽江路不夜城”“香港路不夜城”。

（三）制定青岛时尚产业扶植目录。时尚是生产、生活方式，包罗万象，时尚+ 经济，时尚+ 文化，时尚+ 网络……时尚的表现方式也多种多样，创立高端品牌、创新服务形式、打造特色产品等等，每一个行业都有每一个行业的特点，都有其时尚标准。因此，建议对青岛现有及拟发展的主要业态进行梳理，围绕“创新”这一中心点，分门别类列出该行业的时尚标杆，对一切创新的、有利于青岛时尚之都建设的做法、产业进行扶植，通过多种业态的百花齐放，形成规模效应，最终把青岛打造成时尚之都，建设成宜居幸福创新型国际城市。

（2018 年）

13. 关于建立生活垃圾分类回收制度的建议

（说明：此提案为袁永兵委员的联名提案）

案由：“十九大”报告提出“加快生态文明体制改革，建设美丽中国”“推进资源全面节约和循环利用”，“反对奢侈浪费和不合理消费，开展创建节约型机关、绿色家庭、绿色学校、绿色社区和绿色出行等行动”。

2017年3月国务院办公厅(国办发〔2017〕26号)转发国家发改委、住建部《生活垃圾分类制度实施方案》，明确了青岛作为46个试点城市之一，提出了2020年底，生活垃圾回收利用率35%的目标。

青岛市从2000年至2013年先后在不同区域进行了三次垃圾分类试点。分类硬件设施建设有了较大的发展，已初步完成了“后端处理利用”的基础建设工作，但缺乏持续的社会动员和家庭参与的“前端减量分类回收”的有效制度设计与行动，导致缺乏连续性和持续性。新的一轮生活垃圾分类制度应当建立在遵循国际国内城市生活垃圾治理经验的基础上，脚踏实地的精准攻坚。

为此建议：

一、联合国环境署建议遵循废弃物管理的优先次序原则：在源头将废弃物产生量减到最小；将可用物料尽量导向重复使用、回收利用、循环再生过程，目的是将送往填埋和废物能源利用处置设施的废物总量减到最少。把着力点放到生活垃圾产生的最前端——家庭。生活垃圾分类回收处理，是系统的复杂工程，必须形成“前端（家庭）减量分类回收—后端处理利用”的完整链条，强调政府主导、企业与社会（社区家庭）共同参与。2017年烟台市做出令人瞩目的成绩。年初烟台市采纳政协委员《建设现代垃圾分类服务体系实现垃圾减量》的议案，并由社会力量牵头，成功地开展了以家庭、社区厨余分类积肥减量，并还田种植有机菜回馈分类家庭，多元力量参与的垃圾分类社区试点工作。12月烟台芝政办字〔2017〕37号文《芝罘区生活垃圾分类试点工作实施方案》以点带面循序渐进，逐步建构政府推动、全民参与、城乡统筹、因地制宜的垃圾分类管理体系，并对2020年底生活垃圾回收利用率达到35%以上充满信心。

二、大力发挥社会组织的优势与作用，鼓励、购买专业的社会组织开展落地社区、单位、家庭的垃圾减量、分类、循环利用项目。发动社会组织及基层社会团体，推广家庭厨余积肥及家庭阳台种植经验，协助社区垃圾箱的分类投放管理，并建立绿色农产品与垃圾分类参与家庭的循环激励制度。在社区开展“零废弃家庭竞赛”、组织评比“绿色文明零废弃社区”“绿色文明零废弃单位”（工厂、办公室等）等竞赛，引导居民通过厨余积肥、循环利用、分类回收，实现可投放的全是不可回收的干垃圾，为实现社区垃圾减量作贡献。

三、面向未来提升环保素养，鼓励学校结合垃圾减量分类家庭社区实践开展环境保护宣传教育活动。面向中小学校开展自然环保生态教育，倡导学生与家庭积极践行垃圾分类行动，建立“零废弃学校”等评比奖励制度，让孩子担当家庭生活垃圾分类的责任，带动家长做好垃圾分类与资源回收的工作。积极推动人人可及的垃圾减量分类、循环利用行动，与现有的志愿文明服务评价体系挂钩，结合市文明办“家庭公益梦想”志愿服务行动平台，实现垃圾减量分类家庭积分累积，推动文明行为的可持续循环。

在这场静悄悄的“蓝天保卫战”中，主力军就是社区及家庭，核心是深入家庭的社区动员、建立循环机制和信任关系，推动家庭持续参与。这是一场人人可为、人人有为的持久战，可能需要10 年或更长的时间。但相信在目前举国体制来治理环境污染解决垃圾分类实现垃圾减量的政策推动下，是一定可以实现的。

（2018 年）

14. 关于运用考试的手段强化学生安全教育的建议

提案背后的故事：

孩子的学校每年都会组织安全教育平台答卷，一般情况，我会和孩子一起作答，但听很多家长讲，因为孩子并不佩戴手机，父母回家后孩子做完作业已经比较晚，此类答卷多是家长们为了完成任务而做的，并没有起到对孩子进行安全教育的作用。暑假是学生溺水事故高发季，每年全国都会出现中小学生在野外水域遇险、遇难的情况。有家长监管原因，但也有学生安全意识薄弱，安全常识不足等原因。

中小学生社会阅历浅、安全意识薄弱、安全常识不足、自救措施不当等使得他们在面临危险时无法做好自我保护。如果学生遭遇危险、社会侵犯以及突发状况，不仅使学生自身生命安全受到威胁，也给家庭、学校和社会带来巨大创伤，因此加强中小学生安全教育，让学生懂得生命珍贵、养成良好安全习惯、学会自我保护至关重要。对中小学生应加强生命、生活、交通、消防等方面安全教育，尤其是加强疾病常识、急救技能、心理减压、毒品危害防范等方面的教育，以强化中小学生生命安全意识，增强自我保护能力、自救互救能力及紧急判断能力等，这也应该是素质教育的重要组成部分。

而目前多数中小学生的安全教育是通过学习安全校本教材、不定期组织安全讲座以及不定期组织安全教育平台答卷等形式来开展的。但因为是辅科教材，不列入考试内容，无论学生还是家长对安全教育课程并没有足够重视；而安全教育平台答卷更是一项留给家长的作业，不少家长被动完成，鲜有学生认真参与其中。在这种情况下，中小学生所受的安全教育比较薄弱，面临各类安全事件时难以应对。同时，小学生安全教育是一项长期系统的工作，要达到安全教育目的，仅仅依靠学校是不够的，家庭与学生自己也必须对此给予高度支持，只有通过社会、学校、家庭共同推动，才能真正有效地实现学生的安全教育。

为此，建议如下：

1. 编撰或选择中小学生必需的安全教育教材。要求内容全面、科学系统，确保中小学生安全教育的科学化和规范化。并在校内增加开设安全教育课程，将安全教育纳入教学计划，保证课时与教学效果，将安全教育全面贯穿于整个教学阶段，使中小学生的生命安全和自我防范意识在日常教学中得到培育与强化。

2. 运用考试的手段，强化家长与学生对安全教育的重视程度。在安全教育推行初级阶段，为保障学习效果，适合运用考试的指挥棒，引起家长与孩子的高度重视，促进学生认真学习与掌握安全教育知识，培养安全技能和突发事件应对能力。建议在每学期期中期末考试、小升初、初升高等关键节点考试中，加入安全教育知识与技能的适量考核，必然有力推动安全教育防范。

3. 开展多样的安全教育活动，充分调动学生学习安全教育知识与技能的积极性和主动性，比如组织学生体验规范的交通秩序，强化交通意识，使学生逐渐养成自觉遵守交通规则的习惯，也可模拟违反交通规则的场景或交通事故，让学生认识到不遵循交通规则的代价。再比如通过安全知识板报、安全知识竞赛、演讲等方式，让学生加深对交通、消防、网络安全、自然灾害等认识。

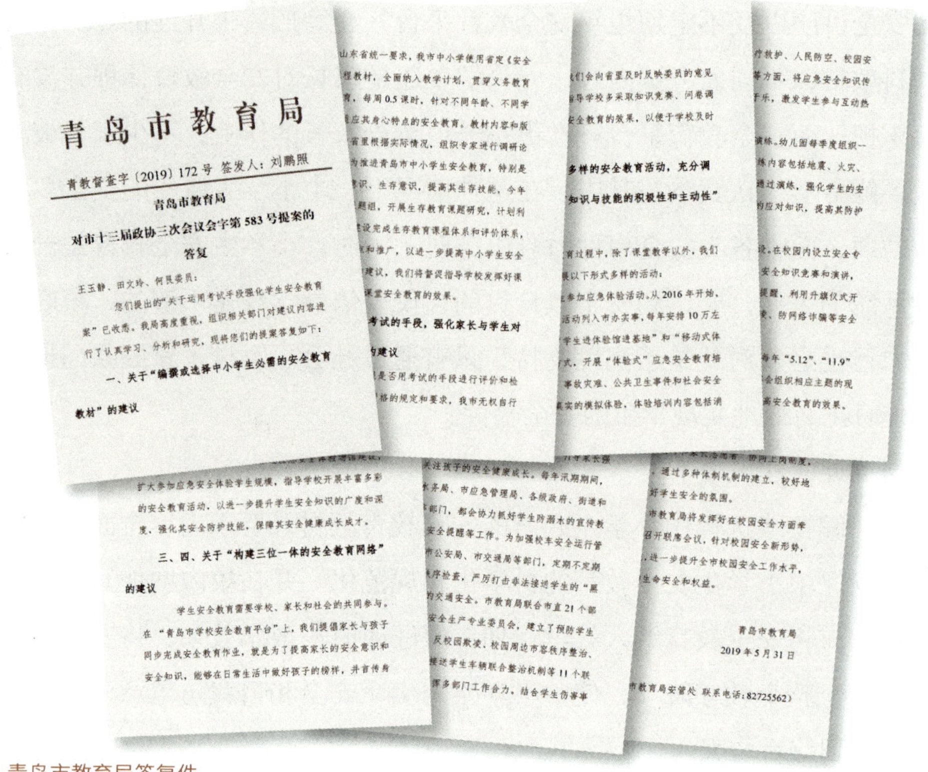

青岛市教育局

青教督查字〔2019〕172号 签发人：刘鹏照

青岛市教育局
对市十三届政协三次会议会字第583号提案的
答复

王玉静、田文玲、何艮委员：

您们提出的“关于运用考试手段强化学生安全教育案”已收悉。我局高度重视，组织相关部门对建议内容进行了认真学习、分析和研究，现将您们的提案答复如下：

一、关于“编撰或选择中小学生必需的安全教育教材”的建议

山东省统一要求，我市中小学使用省定《安全
程教材，全面纳入教学计划，贯穿义务教育
育，每周0.5课时，针对不同年龄、不同学
应其身心特点的安全教育。教材内容和版
省里根据实际情况，组织专家进行调研论
为推进青岛市中小学生安全教育，特别是
识、生存意识，提高其生存技能，今年
题组，开展生存教育课题研究，计划利
设完成生存教育课程体系和评价体系，
和推广，以进一步提高中小学生安全
建议，我们将督促指导学校发挥好课
课堂安全教育的效果。

考试的手段，强化家长与学生对
的建议

是否用考试的手段进行评价和检
格的规定和要求，我市无权自行

们会向省里及时反映委员的意见
指导学校多采取知识竞赛、问卷调
安全教育的效果，以便于学校及时

多样的安全教育活动，充分调
知识与技能的积极性和主动性”

育过程中，除了课堂教学以外，我们
展以下形式多样的活动：
参加应急体验活动。从2016年开始，
活动列入市办实事，每年安排10万左
学生进体验馆进基地”和“移动式体
式，开展“体验式”应急安全教育培
事故灾难、公共卫生事件和社会安全
真实的模拟体验，体验培训内容包括消

疗救护、人民防空、校园安
等方面，将应急安全知识传
乐，激发学生参与互动热

演练。幼儿园每季度组织一
练内容包括地震、火灾、
通过演练，强化学生的安
的应对知识，提高其防护

设。在校园内设立安全专
安全知识竞赛和演讲，
提醒，利用升旗仪式开
、防网络诈骗等安全

每年“5.12”、“11.9”
会组织相应主题的现
高安全教育的效果。

扩大参加应急安全体验学生规模，指导学校开展丰富多彩的安全教育活动，以进一步提升学生安全知识的广度和深度、强化其安全防护技能，保障其安全健康成长成才。

三、四、关于“构建三位一体的安全教育网络”的建议

学生安全教育需要学校、家长和社会的共同参与。在“青岛市学校安全教育平台”上，我们提倡家长与孩子同步完成安全教育作业，就是为了提高家长的安全意识和安全知识，能够在日常生活中做好孩子的榜样，并言传身

关注孩子的安全健康成长。每年汛期期间，
水务局、市应急管理局、各级政府、街道和
部门，都会协力抓好学生防溺水的宣传教
安全提醒等工作。为加强校车安全运行管
市公安局、市交通局等部门，定期不定期
序检查，严厉打击非法接送学生的“黑
的交通安全。市教育局联合市直21个部
安全生产专业委员会，建立了预防学生
反校园欺凌、校园周边市容秩序整治、
接送学生车辆联合整治机制等11个联
挥多部门工作合力，结合学生伤害事

，通过多种体制机制的建立，较好地
好学生安全的氛围。
市教育局将发挥好在校园安全方面牵
召开联席会议，针对校园安全新形势，
，进一步提升全市校园安全工作水平，
生命安全和权益。

青岛市教育局
2019年5月31日

市教育局安管处 联系电话：82725562）

青岛市教育局答复件

4. 构建三位一体的安全教育网络。家庭教育对孩子的影响非常大，家长要做好安全教育就应提高自身安全意识，做好安全示范，通过对生活中各种场景的利用潜移默化地影响孩子，比如过马路时遵循交通规则、安全使用家电、家庭防火防盗等；社会应积极完善有关安全制度和相关法律法规，各个部门积极配合，做好消防、交通等方面的安全宣传工作，努力创建安全社会。通过构建社会、学校、家庭的三位一体的安全教育网络，学生安全教育成效将会大大提升。

（2019年）

15. 关于强化民营经济扶持政策普惠性的建议

党的十九大提出要构建现代化经济体系，率先改革优化营商环境，并支持民营企业发展。青岛正着力目标构建国际一流的营商环境，即充满活力、富有效率、更加法治化、国际化、便利化的营商环境，并专门出台了相应的财税、金融、土地等减税降费降成本等优惠政策以优化营商环境，支持民营经济发展。

但目前仍存在着优惠政策举措与市场主体信息不对称，民营经济主体缺少对政策的精准解读等问题。

建议有关部门多措并举，进一步优化营商环境，强化民营经济扶持政策的普惠性：

一、有计划、有组织地建立长效信息沟通机制。在民营企业创新发展中，政策的保障、信息的畅通尤为重要。建议建立政府联系企业的长效机制，保障政府与企业、行业与行业、企业与企业间资源共享、信息通畅，促进企业高效健康的发展，比如上海通过完善“企业服务云”，定期梳理发布惠企政策清单，让民营企业及时获取优惠政策与发展信息。

二、政府部门广泛搭建平台，整合社会资源，推进社会需求间的协作，构建具有交流合作、技术创新、创业融资、人力资源、政策法规保障等服务功能的政商信息沟通平台、产学研交流平台、资源配置服务平台，

青岛市民营经济发展局

青民发督字〔2019〕43 号　签发人：张琳

对市政协十三届三次会议
第 392 号提案的答复

王玉静委员：

您提出的“关于强化民营经济扶持政策普惠性案”
收悉，现提出办理意见如下：

民营经济在我市经济结构中具有重要地位和作用，
我市高度重视民营经济的发展。近年来，我市结合民营经
济发展特点及产业结构调整的需要，我市制定出台了一系
列助推民营经济发展的政策措施，为做好政策宣传解读，

民营经济发展的决策部署，结合青岛实际形成推动我市民
营经济高质量发展的政策措施。按照管用、实用、有用原
则，对政策全面归纳，精心梳理，细分主要点，提取“干
货”，定期整理汇编精简易懂的《政策一本通》，串联政策
资源，搭建跨部门的企业政策信息互联网发布平台，建立
统一的涉企政策发布平台，打造我市民营经济政策宣传解
读第一门户。完善平台功能，建立政策落实评价反馈机制，
及时获取企业对政策的需求和意见。为行业商会、协会会
长单位等有条件的民营企业设立户头，及时发送与企业、
经济相关的政策文件。依托民营经济大讲堂、企业家示范
培训班、企业家沙龙等，定期邀请行业专家、有关部门就
税收、社保、科技、融资等惠企利民政策进行全面宣讲，
抓好落实。适应形势变化和发展需要，及时清理不合适宜

政策落实落地，市民营经济局今年以来做了以下工作：
（一）全面系统梳理政策。牵头相关部门依托我
小企业云服务平台全面梳理我市制定出台惠企扶持政
对其中的 10000 多条政策政务信息进行梳理、归类和
容提取。通过四个轮次的反馈和修订，从中筛选出
效、企业关注、量大面广、好使管用的扶持政策共
条，包括创业、创新、财政、税费、融资、人才、
、其他等 8 大类，并将每条政策按照政策类型、
、享受主体、享受条件、优惠内容、主管部门、
、实施期限等多个维度提炼归纳，以“标签化”
片形式汇编成《青岛市民营经济政策一本通》，方
据自身需要快速检索查阅，成为广大民营企业获
政策信息的“导航手册”、“贴心攻略”。
全方位覆盖宣传。协调我市宣传部门和新闻媒
用电视、报纸和网站、微信、APP、企业微信
等各类媒体和形式，集中时间和力量，发布政
提供政策咨询渠道，对政策进行专题解读和

与企业家常态化联系沟通机制。完善市、区（市）、街
镇）领导挂点服务民营企业工作体系，推动各级领导
主动为民营企业服务。建立民营企业“双月恳谈制度”，
动邀请民营企业、商协会代表参加党委、政府有关会
充分征求民营企业意见建议，及时了解和协调解决发
到的问题。建立民营企业参与相关决策制度，在制
涉及民营企业重大利益的政府规章、规范性文件和
策前，充分听取民营企业以及商协会意见工作机制。
三是营造竞争中性的市场环境。推动清理、坚决
不合理门槛和限制，消除各种隐性壁垒，着力打
样的“卷帘门”“玻璃门”“旋转门”，在市场准入、
、招标投标、军民融合发展等方面打造公平竞争
充足市场空间。不断缩减、坚决落实市场准入

宣传，青岛电视台、青岛日报、青岛早报、半岛网、青岛
新闻网等媒体集中宣传近百条次。
（三）举行了青岛市民营经济政策宣讲大会。省
市政府领导同志出席会议，向民营企业发放《青岛市民营
经济政策一本通》，宣讲解读支持民营经济高质量发展相关
策。政策宣讲启动仪式通过青岛电视台直播，青岛新闻
和微信视频进行同步直播，以各种形式参会人员达 15
人。（四）开展“送政策进民企”巡回宣讲活动。青岛市
营经济（中小企业）发展工作领导小组办公室会同青岛
务企业工作队联席会议办公室组织开展了 2019 年青
“送政策进民企”巡回宣讲活动，组织民营经济（中
业）发展工作领导小组成员单位组成宣讲团，深入区
园区、商会和企业进行政策宣讲，向企业赠送政策一
并进行现场解读。目前已经在市南、市北、崂山、城
阳、胶州、平度等区市开展专场活动，参会企业达
家。

程度实
改革，
权、公
性原则，建立并落实公平竞争审查制度，全面清理废除妨　竞争中
碍统一市场和公平竞争的各种规定和做法。创新监管方式，
寓监管于服务之中。在安监、环保、消防、城管、市场监
管等微观执法时和金融机构去杠杆中，推行预先提醒、主
动指导、及时纠正的工作制度，避免采取简单粗暴的处置
措施。

青岛市民营经济发展局
2019 年 5 月 21 日

（联系人：董巍，联系电话：51917702）
抄送：市政协提案工作办公室、市政府督查室督查二处（议
案处）

青岛市民营经济发展局答复件

以畅通信息通道，解决民营企业发展中的实际问题，促进企业高效健康发展，推动高科技成果转化，促进行业企业互通有无，抱团发展。

三、营造良好的市场环境与公平有序的市场秩序。在市场准入、审批许可、经营运行、招投标、军民融合等方面，为民营企业打造良好竞争环境。如：鼓励民间资本参与基础设施和公用事业建设；支持国有企业与民营企业的合作发展；支持优秀的民营企业参与政府公开招标采购项目，如有的市级部门采取年度采购项目规定预算总额中专门面向中小微民营企业的比例不低于30% 等切实的扶持政策。

（2019 年）

16. 关于加强城市公共安全监控系统“天网”管理的建议

为推进智慧城市建设，提升城乡管理水平，2013年以来，我市开展了“天网”工程，即城市公共安全监控系统建设。目前基本实现了城市主干道、中心广场、重点部位、治安复杂区域视频全封控，并计划在2020年实现“全域覆盖、全网共享、全时可用、全程可控”的公共安全视频监控系统。天网工程已是青岛市城市安全防范的一道屏障。但是通过实地调查摸底，目前仍然存在着有些区域监控盲区、有的监控设备损毁故障未及时修复、部分监控视频图像模糊不清、监控视频信息共享管理不完善、已建成的视频监控系统缺乏专业维护维修等现象，制约了立体化社会治安防控体系的发展。

为此建议：

1. 统筹公共安全视频监控系统建设，全面排查已建成的城市天网系统，应用安全可控、高效的技术和产品，以科学化、智能化应用为重点，全面提升视频监控综合应用效能。通过物联网、大数据和云计算等技术，引入人脸识别应用、车辆识别应用、人员密度统计应用等，让公众真正感受到城市视频监控系统给生活带来的安全和便利。

2. 整合各类视频图像资源，推动公共安全视频监控系统联网，规范各地区、各部门视频图像资源的共享应用。通过平台的权限设置，灵活划分图像资源和应用功能，形成全市视频图像资源联网整合、共享应用的新格局。

3. 城市公共安全监控视频系统的日常维修方面，相关部门应落实专人定期对各个视频监控点位进行巡查，确保其正常使用，发现损毁、图像模糊不清现象等第一时间联系技术检修人员，查明故障及时修复或更换，排查隐患。

4. 加强对视频监控系统建设单位的监管，提升使用效益。建设单位应建立、完善视频监控系统运行维护管理制度，加强日常运行和维护管理，保障使用功能、性能以及相应技术要求。

（2019 年）

17. 关于加快我市医养健康产业发展的建议

（说明：此提案为姜玉兰委员的联名提案）

医养健康产业是世界上最大和增长最快的产业之一，产业涵盖医疗服务、健康教育与管理、健康养老、生物医药、医疗器械与装备、中医中药、体育健身、健康旅游、健康食品和健康大数据等十大领域，被称为永不衰落的朝阳行业。预计到2020 年，全球医养健康产业总产值将达到19.3 万亿美元，是2011 年的2.8 倍左右。青岛自然条件得天独厚；特别是上合峰会的召开让青岛在基础设施建设、市政管理经验社会和人文服务等诸多方面都有了大跨度的提高，国际声誉也有了更大的提升，为发展医养健康产业奠定了良好基础。但是我市在发展医养健康产业方面还有很大发展空间。如，2003 年青岛市就被列入首批药品指定进口岸城市，但从海关数据显示，山东企业进口医药品仍主要从北京、上海、天津等口岸进口，其中北京机场、浦东机场、新港海关三个现场进口值占比40.9%，2018 年5 月，我国对包括所有抗癌药物在内的28 种药物免征进口关税，并对103 种抗癌药品制剂、51 种抗癌药品原料药减按3% 征收进口环节增值税。2018 年7 月，上海就率先提出全面推进药品和医疗器械进口枢纽口岸建设目标，提出争取境外已上市境内未注册的抗肿瘤新药在上海先行定点使用等措施，我市也应积极响应这样的利好政策，充分发挥自身优势，多措并举发展医养健康产业。

一是出台促进我市医养健康产业发展的意见。

二是优化我市口岸营商环境，提高药品检验能力，完善专业化一站式清关等配套服务，吸引更多药企本地通关，满足群众进口用药需求。

三是加快推进健康旅游基地建设，充分利用崂山矿泉、海水温泉等得天独厚的自然资源精心设计旅游线路，加大对我市康养旅游的宣传与推广。

四是重点发展健康养老服务产业。支持医疗机构涉足养老服务产业，鼓励养老机构配备医护人员，鼓励医护人员到养老机构执业，鼓励利用农村闲置建设用地和住房集中建设医养结合产业园。

（2019 年）

对市政协十三届三次会议第 47 号提案的答复

（答复意见全面、具体、措施可行，特收录于此）

两位委员提出的“关于加快我市医养健康产业发展案”收悉。我委会同市市场监督管理局、市文化和旅游局认真研究办理意见，现答复如下：

一、全力推进健康产业发展攻坚行动

青岛山海资源丰富，生态环境优越，发展健康产业具有得天独厚的优势。近年来，随着健康中国、健康山东、健康青岛战略的推进实施，群众健康意识的不断增强，健康产业呈现快速发展态势。山东大学齐鲁医院、和睦家医院、新世纪妇儿医院等高端医疗机构落户青岛，杰华生物、华大基因、海尔金控“盈康 LIFE”、海信数字化手术室解决方案、百洋医药互联网医院等一批模式业态新、技术含量高、引领作用明显、带动作用显著的健康产业优质项目加快培育，市北大健康产业园、西海岸智慧医疗中心、即墨温泉康养小镇、青岛崂山湾国家健康旅游示范基地等健康产业集聚平台茁壮成长。2018年，全市健康产业增加值预计达到768.94亿元，位居全省第一。市政府印发了《青岛市医养健康产业发展规划（2018—2022年）》，以打造辐射山东半岛城市群的医学高地、创建国家区域医疗中心、建设全球一流健康城市为目标，积极构建覆盖全生命周期、特色鲜明、布局合理的健康产业体系，力争到2022年全市健康产业增加值达到1700亿元，成为我市国民经济的重要支柱产业。

当前，我委正按照市委、市政府工作部署，聚焦“担当作为、狠抓落实”，将“双招双引”作为卫生健康全局性工作的“第一战场”，印发实施《健康产业发展攻坚行动方案（2019—2022年）》，整合全市卫生健康系统力量组成50个攻坚小分队，发起“双招双引”攻势，聚焦国内外高端、高质、高新企业和机构，借助博鳌亚洲论坛全球健康论坛大会等重大平台，开展医疗服务、健康管理与促进、智慧健康等健康养老产业链精准招商，整合全球优质要素资源，推进产业项目、产业集群、产业基地建设。目前已汇集各类健康产业项目100多个，现有已签约和在建的项目计划总投资超过1000亿元；韩国延世大学医疗院青岛医院项目已启动建设，哈佛医学创新中心青岛项目、海王集团健康产业基地项目、华大基因北方中心项目等一批重点投资项目正积极推进。

二、多措并举推进药品通关服务便民化

近年来，市市场监督管理局为打造更具吸引力的药品进口口岸，积极落实“一次办好”改革，不断推进药品通关服务便民化，营造了优质的营商环境。

（一）为进口企业做好政策解答与服务。坚持为民服务工作宗旨，不断优化我市药品进口通关备案流程，深化“一次办好”改革要求，公开药品通关相关制度（即：公开药品进口备案条件和依据、公开办理流程和时限、公开办理结果），方便企业及时掌握法规政策变化和药品通关的办理进度。不断优化营商环境，对企业的咨询采取首问负责制，积极帮助企业排解困难，让药品生产和经营企业尤其是省内的企业享受到更优质便捷的通关服务，并吸引更多的药品企业来到青岛口岸通关。

（二）让进口企业少跑腿、零跑腿。以全面深化互联网 + 政务服务为目标，运用现代化信息技术手段在市行政审批服务大厅实施通关业务全程网办，进口企业使用外网随时随地提出申请，工作人员在审批系统上完成审批的流转，审批做到“一次办好”，受理当日即可办结通关申请，实现企业“少跑腿、零跑腿”。同时，加强与海关工作联系，利用大数据共享的便利，整体缩短药品通关的环节与时间，提高药品通关效率。

（三）严格落实国家关于进口化学药品通关检验进口相关政策。为减轻广大患者药费负担，并有更多用药选择，2018 年 4 月起国家药监局规定进口化学原料药及制剂（不含首次在中国销售的化学药品）在进口时不再逐批强制检验。2018 年青岛食品药品检验研究院（以下简称“药检院”）完成进口药品（主要为进口药材）检验 53 批，缩短了多个进口药品上市销售时间。

（四）加强口岸药品检验能力建设。为确保对承担的进口药品检验检测结果可靠，除了不断提高相关检验人员业务水平、加强人才培养外，药检院还配备了相应的先进检验检测仪器设备。目前，拥有液相色谱 - 质谱联用系统（LC/QTOF、LC-MS-MS 和 LC/Trap）、气相色谱 - 质谱联用系统（GC-MS-MS 和 GC-MS）、电感耦合等离子体质谱（ICP-MS）、全自动（病原）微生物检测及生化鉴定系统、全自动微生物基因指纹鉴定系统、凝胶成像仪及全自动菌落成像系统等大型精密仪器设备近 200 台（套），能够满足进口药品检测工作需求，综合检测能力不断提升。下一步，药检院还将努力提升口岸药品检验的水平，为保障进口药品安全提供强大的技术支撑。

市市场监督管理局将继续以利企利民的工作目标，联合海关等部门共同打造高度协同、高效便捷的药品进口通关体系，不断优化药品通关环境。

三、加快推进健康旅游发展

近年来，市文化和旅游局积极推进健康旅游业发展。青岛崂山湾国际生态健康城获评“首批国家健康旅游示范基地”，佳诺华国际医养健康小镇、青特北大医疗养生产业园等大批投资过10亿元的项目落地青岛，进一步丰富了健康旅游业态，助推健康旅游业快速发展。针对主要客源需求市场，开发了以海洋康养游为主题，包括温泉和冰雪的多条旅游线路，受到广大游客的欢迎。

下一步，市文化和旅游局将继续开发更多的康养旅游产品和线路为广大游客服务。贯彻落实“海洋攻势”战略，全面开发包括康养旅游在内的20条独具特色的旅游线路，加强宣传投放的计划与统筹，以官方微信、微博、网站等为主要载体，借助各项重大活动举办契机和世界旅游城市联合会、世界旅游联盟、TPO等国际交流平台，利用城市户外广告、高铁、主流网站、国际航班、境外主流媒体等多种载体，开展以旅游线路为主要内容的旅游宣传，不断强化青岛健康旅游形象，提升青岛健康旅游国际知名度和影响力。

四、深化医养结合示范创建工作

我市是国家首批医养结合试点城市、山东省医养结合示范先行市，近年来积极完善医养结合支持政策，推进医、养、康、护有机衔接。2018年，市政府印发了《创建全省医养结合示范市实施意见》，积极创新医养结合青岛模式，建立完善的医养结合政策体系、标准规范、管理制度和专业化人才培养制度，推进“医养结合+”，建立保险、财政税收、土地规划、金融资金、行政许可、人才队伍等六大保障措施，加大对医养结合的政策扶持力度，打造医养结合与文化、旅游、食品、体育融为一体的医养健康产业链条。全市医养结合、医养联合和居家诊疗机构分别达到182个、161

个和 492 个，提供医养服务 400 余万人次，在全省 6 个示范市中评估成绩位列第一。中央电视台元旦走基层、“两会”期间《中国养老》、改革开放四十年大型纪录片《我们一起走过》等栏目均予以重点报道。

下一步，我委将深化医养结合示范创建工作，加快建立以居家为基础、社区为依托、机构为补充、医养相结合、覆盖全体老年人的健康养老服务体系。积极支持有条件的医院和基层医疗卫生机构重点向康复、护理和养老服务延伸，引导养老机构申请开办老年病医院、康复医院、护理院、中医医院、安宁疗护中心等。完善医养联动机制，支持医疗机构与养老机构开展多种形式的合作，建设医疗养老联合体或共同体，开通双向转诊、急诊急救绿色通道，促进医养服务资源共享。支持社会资本采取特许经营、公建民营、民办公助等模式，新（改、扩）建以老年医学、老年康复为主的医养结合机构。

我市健康产业的发展离不开社会各界的关心和支持。衷心感谢两位委员对我们工作的大力支持，对于两位委员所提出的相关建议和意见，我们将在今后的工作中消化吸收，并全面做好有关政策的落实工作，推动健康产业快速、健康发展。

18. 关于扶助小微企业和个体工商户复工复产的建议

提案背后的故事：

2020年2月，正是我们疫情防控形势最吃紧的时候，我从海南回到青岛，一方面四处调集医疗物资援助出征武汉的民营医院思达医院，另一方面开始安排企业的复工复产。居家隔离14天后，第一次出门正赶上下大雪。大街小巷的萧条冷清景象让我感触很深。大大小小的商铺几乎都歇业，只有药店、便利店、糕点店等可数几家还在营业，疫情对整个经济社会的影响可见一斑。平日繁华的路段也空无一人，只有交警们那身亮黄，环卫工身上的橙黄是风雪中最亲切、最有活力、最让人感动的颜色。还有就是主要街角处，一个个红色的简易帐篷下的党员先锋岗和志愿者岗位最引人注目，那抹红跳跃在冰雪里，如同一团火，以人以温暖和希望。他们的付出和奉献也鼓舞着我，作为政协委员，有责任有义务去为当时的经济恢复做点什么。回家后我就开始关注、调研、分析个体工商户这个庞大的、关联着数百万城市人口的群体。当时各级党委政府也很重视小微企业、个体工商户群体，已相继出台了减免税费、社保等惠企措施，我通过各种途径了解到，个体工商户经营的主要压力之一在于房租，尤其是黄金地段的房租，动辄20万元、30万元以上，对于个体工商户来说尤其困难。如果能为这些经济实力弱、抗风险能力弱的工商户减免些房租可以说是雪中送炭，于是我提出了以下提案。

目前青岛市约有 150 万元的非公经济市场主体，其中个体工商户约计 100 万户，对地方经济发展、市场繁荣稳定以及民计民生保障都发挥着重要作用。而这次新冠肺炎疫情期间以及各企业陆续复工后，除药店、便利店、医疗器械店等少数店面外，个体工商户均未能恢复正常营业，这对于收入不高、线下租金成本高、抗风险能力弱的广大个体工商户来说面临着关门倒闭的风险，目前已出现退租、转租的风向。为支持民营企业复工复产，青岛市政府相关部门相继出台了多项惠企政策，从用工、税收、金融、贸易等多方面支持中小民营企业的发展。但是对受疫情影响巨大的个体工商户，并没有实质性的扶助政策。

建议加强对受疫情影响大的个体工商户正常复业经营予以扶助：

一、对受疫情影响较大的个体工商户根据疫情损失情况定额减免 2020 年度应纳经营所得个人所得税额。适用“定期定额”征收的个体工商户生产经营受到影响的，税务机关结合实际情况合理调整定额。

二、鼓励减免个体工商户（及小微企业）经营用房受损期间的房租。经营用房租金是个体工商户经营中最主要支出之一。除了鼓励为承租了国有资产权属、创业园区物业等的小微企业、个人减免房租外，更多的是对承租个人物业的个体工商户的扶助。通过各类公众媒体发布，引导、鼓励个体业主（房东）及物管公司为个体工商户（及小微企业）适度减免疫情期间的房租及物业费，区财政视情况给予一定补贴。同时，对减免房租的个体业主及物管公司予以物质、精神奖励。

1. 建议为在疫情期间受损的个体工商户减免租金的房东颁发“青岛好房东（个人）”证书，作为今后房东等级评定依据，利于以后的租赁。

发布“青岛好房东（个人）”评定依据、标准，由承租的个体工商户来提报，相关部门审核后，授予证书，以此鼓励个人房东免租减租的积极性。

2. 奖励“青岛好房东”全年的青岛景点旅游年卡，即是物质奖励，又逐步带动本地旅游人气升温（旅游业受损比较严重）。（除旅游卡外，还

可征集自愿为好房东提供各类体验卡的商家）

三、各区市工商主管部门尽早发布面向个体工商户的复业标准与防疫事项指导办法，在做好疫情防控的前提下，合理指导个体工商户早日安全复业开业。

（2020 年）

对市政协十三届四次会议第 010 号提案的答复

王玉静委员：

您提出的“关于扶持个体工商户及中小微企业正常复工复产案”收悉。现答复如下：

一、积极调整个体工商户个人所得税“起征点”和附征率

为支持小微企业复工复产，减轻新冠肺炎疫情造成的经营损失，国家税务总局青岛市税务局已作出规定，自 2020 年 1 月 1 日至 12 月 31 日，对定期定额方式缴纳个人所得税的个体工商户，“起征点”调整到月收入 10 万元；调整附征率，税负率同比大幅下调，以 2019 年核定收入计算，采用新的附征率，预计减征额 603 万元，平均降幅达到 50%；已经要求主管税务机关结合纳税人实际情况核定其 2020 年的定额，要充分考虑到疫情对纳税人经营所得带来的实际影响。

二、积极引导各类载体为个体工商户及中小微企业减免房租

青岛市于 2 月 3 日发布《关于应对新型冠状病毒感染的肺炎疫情支持中小企业保经营稳发展若干政策措施的通知》，明确提出“引导降低小微企业房租成本”。市民营经济发展局积极引导国有、集体、享受过财政支持的载体带头对承租的小微企业房租进行减免，鼓励倡导其他民营载体积极为租户减免租金。为扩大宣传减免房租的各类载体与小微企业同舟共济、共克时艰的精神，弘扬社会正能量，引导更多载体加入减免房租的队伍中来，同时建立了“青岛好房东发布平台”，创新开展青岛好房东发布活动，每天发布更新实施房租减免载体清单。在国有、集体小微企业创业载体带领下，民营载体积极响应，截至 3 月 4 日，减免房租载体已达到 167 家，共为 7584 家企业及经营户减免房租、物业费等 15192 万元。其中，77 家国有、集体、事业载体为 2715 家企业及经营户减免房租等 8779 万元，89 家民营载体为 4868 家企业及经营户减免房租等 6411 万元、港澳台独资载体 1 家为 1 家企业减免房租 2 万元。青岛国际动漫产业园、青岛如是文化科技有限公司等 7 家文化产业园区（基地）为入驻企业减免房租、水电费，受益企业 449 家，减免金额 1350 余万元。

关于奖励“青岛好房东”全年青岛景点旅游年卡事宜，目前景区门票优惠的对象主要是儿童、学生、老年人、现役军人、残疾人等特殊群体，其优惠政策均是按照相关法律、法规规定执行。此次疫情期间，在景区企业自愿的基础上倡导开展了面向医护人员的阶段性门票减免活动。下一步，市文化和旅游局将结合有关工作进展情况征求景区企业的意见，积极做好奖励“青岛好房东”旅游年卡的鼓励引导工作。

三、积极助力个体工商户及中小微企业复工复产

一是强化政策扶持。落实国家市场监管总局《关于应对疫情影响加大对个体工商户扶持力度的指导意见》，出台支持个体工商户复工复产的一系列政策：一是将个体户年报时间由 6 月底前延长到今年年底；二是优化个体户微信年报填报，提供便捷化服务；三是国有质检机构、认证认可机构减免个体户疫情期间的相关检验检测和认证认可费用；四是加强政策宣传解读，解忧帮困，发挥个体劳动者协会等社团组织作用。

二是加强督导落实。结合近期国家和省市层面密集出台的有关政策，市市场监管局重点做好三项工作。一是设立服务专员，加强政策解读。凡制发的政策性文件，一律主动公开，并明确责任部门和责任人，并落实到位。二是加强督导服务。抽调业务骨干 30 人组建服务专员小分队，定期走基层、访业户，密切关注个体工商户复工复产中遇到的问题和诉求，及时反映和研究处理，跟踪落实好每一项政策。三是加强跟踪督办。梳理受理个体工商户诉求的渠道和方式，逐一明确牵头部门、反馈时限、责任分工和办理程序，杜绝久拖不决、打折扣、形式主义等问题。

三是积极指导企业复工复产。成立企业复工复产指导小组，依据《民营和中小企业复工复产指导手册》，下沉服务方式，现场指导复工复产，解决企业复工复产实际困难，帮助企业规范迅速的复工复产。组织开展中小企业复工复产调度工作。建立规下重点工业企业和“专精特新”中小企业复工复产调度机制，成立市、区、企业三级复工复产情况调度人员专班，每周二、四两次调度企业复工复产情况，帮助企业解决复工复产遇到的困难，及时准确地向市委市政府、各区市和各涉企部门通报企业复产复工情况。

四是建立线上帮扶咨询服务平台。在“青岛市企业复工复产帮扶咨询服务平台”设立窗口，受理规模以下中小企业复工复产中遇到的困难和问题并汇总分析。通过线上提报、线下服务的方式，帮助企业解决复工复产过程中遇到的经营困难和问题。目前，已帮助 600 多家企业解决复工防控口罩近 50 万个。

五是编印《青岛市应对新冠肺炎疫情支持企业政策一本通》。为方便企业查询、应用政策，市民营经济发展局对政策文件进行了分类梳理和系统解读，编辑形成了《青岛市应对新冠肺炎疫情支持企业政策一本通》（电子书）。内容包含稳岗就业、财税扶持、金融支持、降低成本、房租减免、对外贸易等 6 大类共 45 个专题，企业可扫描图片二维码查看。

六是提前拨付扶持资金，缓解企业资金压力。为切实帮助小微企业渡过难关，我们与市财政局商洽针对受疫情影响大、生产经营困难的小微企业，专门建立了资金审核绿色通道，对2019年度已经有明确政策标准、落实到具体企业项目、列入2020年度预算支持的小微企业创新转型项目补助资金，加快资金审核拨付进度，将2019年度小微企业创新转型项目补助资金总额的50%提前拨付到企业，真金白银帮助小微企业应对当前面对的运营压力，积极推进企业在建项目建设，迅速提高企业复产率。

七是增进部门协同。积极加强民营经济发展局、市市场监管局、行政审批服务局、文化旅游局等相关部门的工作联系，开展部门间信息共享、部门协作机制，持续关注受疫情影响较大的个体工商户经营状况，全力帮扶个体工商户和中小微企业加快复工复产，健康快速发展。

“我爱青岛·阳光护苗”行动倡议书

2020年伊始，一场突如其来的新冠肺炎疫情给我们的生产生活带来了前所未有的冲击。党和国家高度重视，深刻分析当前疫情形势和对经济社会发展的影响，作出了“六稳”“六保”的决策部署，为全面建成小康社会提供了有力保障。

“留住青山，才能赢得未来”。青岛市97万户个体工商户，他们就是社会经济发展的一座青山，维系着数百万人的家庭生计。目前他们在十分困难的经营状况下，所背负的房租显得尤其沉重，压得他们步履维艰，租金已成为影响他们生存的最大因素。他们就像幼苗一样，耐不了干旱，也抗不过踩踏，但只要有阳光雨露的滋润，就会迸发顽强的生命力。

青岛向来是一个有温度的城市，面对急需拉一把的广大个体工商户们，我们向社会各界联合发出以下倡议：

一、雪中送炭，共同“关护小苗”。倡议社会各界共同关爱身边的个体工商户，走出家门、雪中送炭，多光顾一次生意，多介绍一位客户，多出一个主意，缓解其经营压力。

二、互谅互助，共做“阳光使者”。“有事好商量”，国家已要求对承租国有单位房产的个体工商户实行租金减免，我们呼吁非国有的企业、个人房东（业主）在力所能及的情况下，为个体工商户减免部分房租，共同做“阳光使者”，把温暖送到他们身边。

三、抱团取暖，共升城市温度。个体工商户们是晚归时街角亮着的那盏灯，是饥肠辘辘时的一碗热汤面。倡议社会各界留住我们身边的便利，也是留住了我们的乡愁。为了让个体工商户们更好地活下去，互帮互助，让爱心汇聚成“阳光”，连同党和政府的政策“阳光”，一同照进这座城市的每一个角落，共同提升青岛温度。

让我们伸出援手，拉一把、同面对、扛过去，这人间烟火便能多一些温暖绚烂！互助、互谅、互爱，愿我们携手，守望相助，待到柳暗花明，共看山河远阔！

19. 关于防疫期间加强“正当防护”的建议

突如其来的疫情打乱了整个社会的生活节奏，各级政府相继启动一级应急响应，果断采取了多项疫情防控措施，目前已取得成效，湖北以外的其他地区新增病例实现连续12 天下降，多个省市自治区降到了个位数，有的实现零增长，湖北的新增确诊病例也降到了2000 人以下。

许多城镇居民小区和乡村的封闭管理已经基本实现标准化可控化，从病例发生地区归来人员严格登记并居家隔离，限制非必要性集会，对火车站、机场、客运站、码头、城市出入口等重点区域严密监管等等，这些都是必要有效的措施，得到公众的普遍理解与接受。

但同时也应注意“正当防护”问题。首先避免不利于经济恢复的行为做法，有的企业满足复工条件后仍要通过繁琐的申请环节才能复工复产，对生产的恢复较为不利；有的场所对湖北往返人员区别对待，有朋友一月中旬从武汉返乡，已经35 天了，老家门口还拦着封条，周围人都避免和他们接触，这些都不算是科学防护。

建议：既要保持现有的严格防控网络体系，有效追踪强力防范，决不能放松疫情防控，也应该把握“正当防护”的度，建立科学防范体系，鼓励正常经营，逐步恢复正常的经济发展和社会生活秩序，避免防护失当引起不良影响。

一、根据各地疫情情况建立各市、各区分级防控、分区管理，依次复产开工。对于尚未出现确诊病例的区域可以创造复工条件鼓励复工，其他

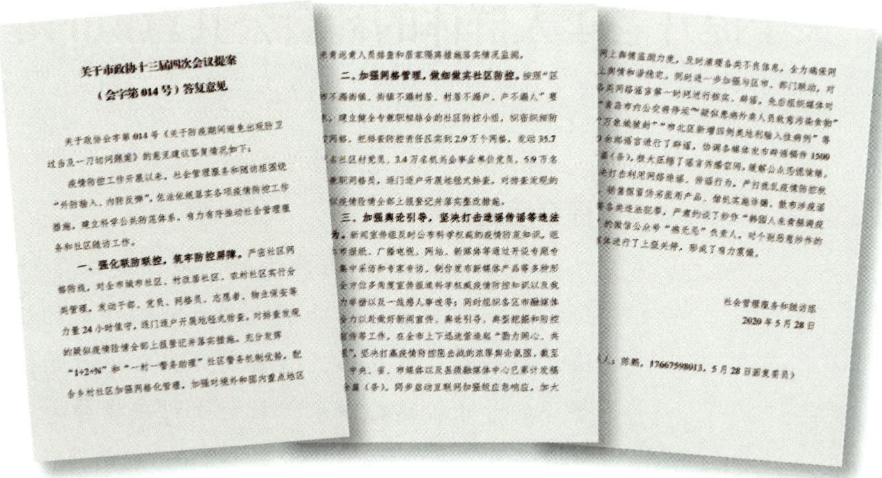

关于市政协十三届四次会议提案

（会字第014号）答复意见

关于政协会字第014号《关于防疫期间避免出现防卫过当及一刀切问题案》的意见建议答复情况如下：

疫情防控工作开展以来，社会管理服务和随访组围绕"外防输入、内防反弹"，依法依规落实各项疫情防控工作措施，建立科学公共防范体系，有力有序推动社会管理服务和社区随访工作。

一、强化联防联控，筑牢防控屏障。严密社区网格防线，对全市城市社区、村改居社区、农村社区实行分类管理，发动干部、党员、网格员、志愿者、物业保安等力量24小时值守，逐门逐户开展地毯式排查，对排查发现的疑似疫情险情全部上报登记并落实措施。充分发挥"1+2+N"和"一村一警务助理"社区警务机制优势，配合乡村社区加强网格化管理，加强对境外和国内重点地区

来青返青人员排查和居家隔离措施落实情况监测。

二、加强网格管理，做细做实社区防控。按照"区市不漏街镇、街镇不漏村居、村居不漏户、户不漏人"要求，建立健全专兼职相结合的社区防控小组，织密织细防控网格，把排查防控责任压实到2.9万个网格。发动35.7万名社区村党员、3.4万名机关企事业单位党员、5.9万名专兼职网格员，逐门逐户开展地毯式排查，对排查发现的疑似疫情险情全部上报登记并落实整改措施。

三、加强舆论引导，坚决打击造谣传谣等违法行为。新闻宣传组及时公布科学权威的疫情防范知识，组织市报纸、广播电视、网站、新媒体等通过开设专题专栏、集中采访和专家专访、制作发布新媒体产品等多种形式全方位多角度宣传报道科学权威疫情防控知识以及疾控力举措以及一线感人事迹等；同时组织各区市融媒体全力以赴做好新闻宣传、舆论引导、典型挖掘和防控宣传等工作，在全市上下迅速营造起"勠力同心、共克时艰"，坚决打赢疫情防控阻击战的浓厚舆论氛围。截至目前，中央、省、市媒体以及县级融媒体中心已累计发稿篇（条）。同步启动互联网加强级应急响应，加大网上舆情监测力度，及时清理各类不良信息，全力确保网上舆情和谐稳定。同时进一步加强与区市、部门联动，对各类网络谣言第一时间进行核实、辟谣，先后组织媒体对"青岛市内公交将停运""疑似患病外卖人员故意污染食物""万象城被封""市北区新增四例奥地利输入性病例"等余起谣言进行了辟谣，协调各媒体发布辟谣稿件1500篇（条），极大压缩了谣言传播空间，缓解公众恐慌情绪。坚决打击利用网络造谣、传谣行为，严打扰乱疫情防控秩序、销售假冒伪劣医用产品、借机实施诈骗、散布涉疫谣言等各类违法犯罪，严肃约谈了炒作"韩国人来青躲避疫情"的微信公众号"燕无恙"负责人，对个别恶意炒作的媒体进行了上报关停，形成了有力震慑。

社会管理服务和随访组

2020年5月28日

（联系人：陈鹏，17667598013，5月28日面复委员）

社会管理服务和随访组答复件

区域依次推进大面积复工。

二、公众媒体及时公布科学权威的疫情防范指标体系。根据最新的研究成果编制防疫须知，通过电子一本通面向公众广而告之，如疫情高发或低发区域的患者、医护人员、居民如何防护，应该做什么？避免什么？怎样做？一目了然。而不是任由似是而非的假信息流传，需要及时为公众答疑解惑。

三、严厉打击欺瞒病疫、谎报疫情、造谣传谣、哄抬物价等行为。有些不负责任的自媒体上充斥着各类虚假疫情信息，加上不明事理或不负责任的转发，使不实消息比病毒传播的还快，造成大众心理恐慌的影响比病毒还严重，影响了公众积极乐观的生活方式与战胜疫情的信心。现在到了消除这种恐慌，帮助大众正确认识疫情风险和逐步恢复正常生活的时候了。一方面要及时、真实地公布疫情信息和防控措施，一方面对扰乱视听的行为予以严肃处理。

四、及时纠正不当防护行为，鼓励人们在加强自我防护的基础上恢复工作和正常生活，不只要比谁的防控强，而且要比在加强防控基础上谁开工的早，谁防范的好，谁最早最好地恢复了经济秩序与社会生活。

（2020年）

20. 关于提升老年人群体的社会公共意识的建议

提案后的故事：

晚上在五四广场散步时，迎面走来了一支队伍，是一群60多岁以上的大爷大妈们组成的健身队伍，雄赳赳、气昂昂，随着高分贝动感音乐，喊着整齐的号子。这些年来，社会上对广场舞大妈们评价并不怎么高，从网上查到这么一段话“广场舞是一群在集体化年代长大的人退休后创造的群集活动形式，某种程度上满足了中老年人交际、健身、娱乐的需要。广场舞爱好者大多出生在20世纪50年代初，主体阶层以退休的中低收入人群为主，文化程度大约在初中左右。不太注意尊重他人的生活空间和公共文明……”某些老年人不守规则的行为影响了社会风气，阻碍着公共文明的发展，影响着国民形象，近些年屡被诟病的“中国大妈”形象，严重损害外界对国人形象的认识。最可怕、最应该警醒的还是隔代教育问题。一些错误的公共意识和行为，很容易被他们所带的孩子效仿，孩子也会在公共场合嬉戏打闹、插队、损毁公物等，对社会规则进行负面理解和破坏着。需要告知那些行为失当的老人们，不破坏公共秩序、不影响他人生活、不伤害别人利益，也是一种善良与修养。默默地发着自己的光就好，不要吹灭别人的灯！

我市是较早进入老龄化的城市，目前全市60岁及以上人口约183万人，占总人口的22%。老年人群体辛苦半生，勤勉工作，为经济社会发展贡献着力量，退休后仍发挥余热，帮子女带孩子，全社会应充分尊敬与关爱。

但是，老年人群体中，确实有不少人因历史原因和经济条件限制，在年轻时接受教育的程度普遍比较低，曾经的物质匮乏引发的恐慌紧迫感比较强，社会公共意识比较差，导致社会上因老年群体社会公共意识较弱引发的负面现象屡见不鲜，如公共场合大声喧哗，插队抢位，哄抢打折商品、攀折槐花树枝，侵占公共绿地等低素质行为。

因为尊老爱幼的传统观念，整个社会对某些老年人不守规则的行为往往是尽量容忍理解的，但无形之中，也影响着社会风气，阻碍着社会公共文明的发展，影响着国民形象，近些年屡被诟病的“中国大妈”形象，严重损害外界对我们国人形象的认识。最可怕、最应警醒的还是隔代教育问题，多数老人都在帮子女看护孩子，一些错误的公共意识和行为，很容易被他们带大的孩子效仿，有的孩子也会在公共场合嬉戏打闹、插队、损毁公物等，习惯性地破坏着社会规则。

建议：全方位、多举措地提升老年人群体的社会公共意识。

一、大力发展老年教育，整合老年大学、社区、卫生医疗机构等社会资源，满足老年人的精神文化和学习需求，同时在老年教育中也加入一定的社会公德素质教育。

二、利用纸媒、广播电视等直达老年人群体的媒体及线上传播资源、宣传方式，加强老年群体的公共意识教育，引导老年人群体注意公共文明行为。

三、对老年人群体出现严重的侵犯社会公共利益的行为，依法依规进行惩戒。对破坏社会规则现象的姑息，是对社会规则最大的破坏。如果不遵守规则可以获得更多利益，不遵守规则的行为不会受到任何惩戒，那么

（A 类）

青岛市卫生健康委员会

青卫议〔2020〕38 号　　签发人：赵宝玲

对市政协十三届四次会议
第 580 号提案的答复

王玉静委员：

您提出的“关于提升老年人群体的社会公共意识的提案”收悉。您的提案由我委会同市委宣传部、市教育局办理，经认真研究，现提出答复意见如下：

您的提案既分析了我市老年人群体在社会公共意识方面存在的一些现象，又提出了具体的解决建议，对我市提升老年人群体的社会公共意识具有较高的指导价值。我委和市委宣传部、市教育局将结合各自工作职能，积极支持提升老年人群体的社会公共意识，全方位、多举措加强老年人社会公德教育和文明行为引导。主要开展以下工作：

一、加强老年人社会公德教育

一是利用重要时间节点、传统节日，开展邻居节等群众性宣传教育活动，评选“青岛市文明市民”“最美社区人”“好邻居”“好婆婆”等先进典型，将老年人等社会公众的思想道德教育建设融入各类活动，提高宣传教育的针对性。……

……

青岛市卫生健康委员会
2020 年 8 月 14 日

（联系单位：市卫生健康委　　联系电话：85912596）
抄送：市政协提案工作办公室、市政府办公厅议案处、市委宣传部、市教育局

青岛市卫生健康委员会答复件

不遵守规则的行为会越来越多。

四、建立文明信用机制。对老年群体不文明的公共行为计入征信累计记录，对于频发、严重影响他人和公共秩序的行为，屡次劝阻无效的，对其享受的出行优惠等予以限制，对不文明的社会行为形成一定约束力。

（2020 年）

21. 关于推动直播电商经济发展、创新商业模式的建议

今年的疫情在一定程度上催生了直播电商的飞速发展，“直播经济”已成为推动经济发展的新生动力，如今南方部分省市大力支持发展短视频经济及直播电商等新经济形式，有效助力了经济复苏。

据《中国互联网络发展状况统计报告》显示，截至2020 年3 月，网络直播用户规模达5.6 亿户，占网民整体的62%，其中电商直播用户规模达2.65 亿户。据悉，四川省商务厅提出到2020 年底实现年直播带货销售额100 亿元，集聚生态企业1000 家，带动产值1000 亿元。在青岛直播经济同样火爆，三八节11 家制造企业线上直播，即墨服装批发市场网红直播基地建立，莱西市领导带货当地农品等等，直播经济已成为当下最火的新经济风口。

为此建议：推动直播电商经济，创新商业模式，赋能经济发展。

一、积极推动发展地方直播经济，为各产业、多行业、众企业助力。围绕优势产业，聚焦电子产品、服装、旅游、海产品、农业优品等，打造特色产业直播电商高地。

二、拓展直播电商应用场景。适时开放智能制造、海洋生物、海上旅游、高新技术、远程教育等应用场景，为直播经济服务。

三、邀请青岛籍演艺、体育、科技、医疗等各行业中杰出人物，为青

（A）类

青岛市商务局

青商议字（2020）66号　　签发人：王志刚

青岛市商务局
对市政协十三届四次会议
第507号提案的答复

王玉静委员：

您在市政协十三届四次会议上，所提“关于推动直播电商经济发展创新商业模式案”收悉，感谢您对直播电商经济发展的关注，我局积极会同市教育局、市科技局、市农业农村局、市海洋发展局、市文旅局办理，有关情况及办理意见如下。

青岛市商务局答复件

岛的经济发展代言助力。

四、鼓励、支持直播电商运营企业的发展，可作为新兴创新科技企业进行奖补，以吸引鼓励年轻人创新创业。

（2020年）

22. 关于有序推进民办教育机构复工复课的建议

目前我市正在全力推进正常生产生活秩序的恢复，各行各业都在奋力复工复产，按下发展的快进键。但是民营教育机构，如各类成人职业培训、艺术培训、学科辅导等民办教育机构仍处于停工状态，我市目前约5000 家培训机构面临着倒闭的窘境。

1.“延期开学”“禁止线下培训”等疫情防控措施已使校外培训行业受到致命打击。有的区市还明令要求“未接到上级主管部门通知前不得复工”。为避免群聚性活动，保障师生身体健康与生命安全采取的开学延期、停止线下课程是可以理解的，但是对教育机构教职员工采取停工的办法，不利于后期经营与教学秩序的恢复，长期停工对教职员工队伍稳定不利。在其他行业都相继复工复产的情况下，教育机构教职人员已出现人心不稳的情况，纷纷再求职另谋出路，据了解，近七万名民办教育机构的教职工作者已成为“求职”的主体之一，对教育机构经营及社会就业秩序带来较大负面影响。

2. 目前国家出台惠企免租政策多限于国有企业资产，虽然鼓励对私企减免物业租金，但校外培训机构基本多是租赁个人房产，享受不到租金减免。如今教育机构多面临着房东催收租金、学员退费、员工纷纷离职等诸多压力，大多难以维系。

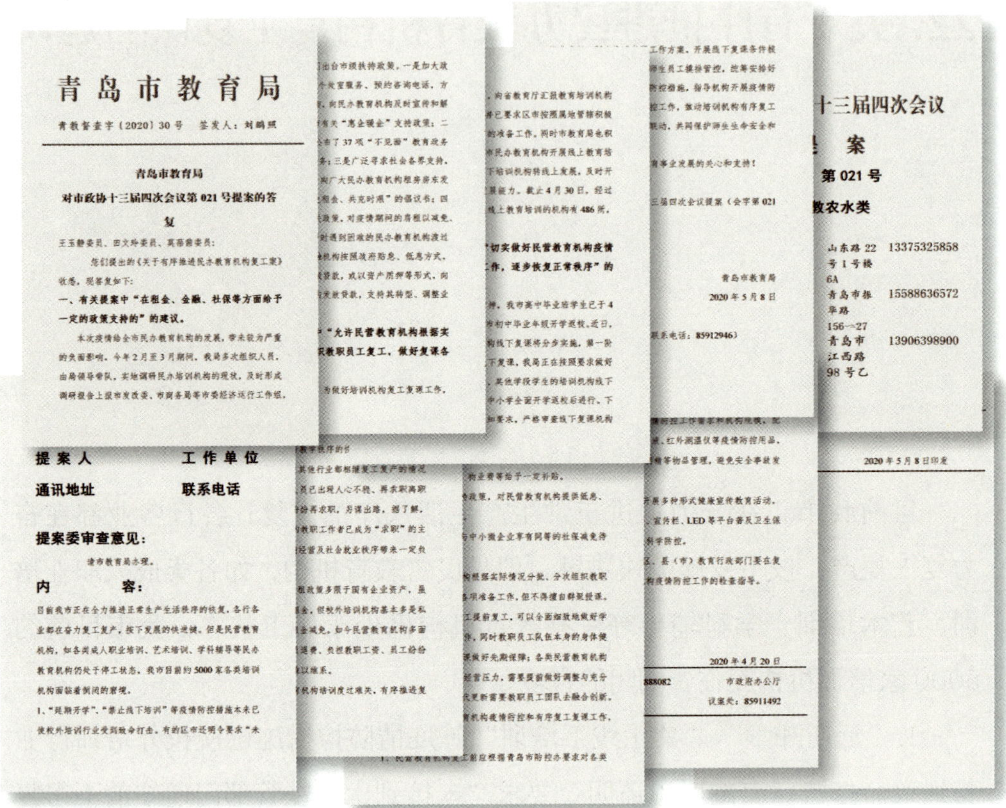

青 岛 市 教 育 局

青教督查字〔2020〕30 号　签发人：刘鹏照

青岛市教育局

对市政协十三届四次会议第 021 号提案的答复

王玉静委员、田文玲委员、莫蓓蕾委员：

您们提出的《关于有序推进民办教育机构复工案》收悉，现答复如下：

一、有关提案中“在租金、金融、社保等方面给予一定的政策支持的”的建议。

本次疫情给全市民办教育机构的发展，带来较为严重的负面影响。今年 2 月至 3 月期间，我局多次组织人员，由局领导带队，实地调研民办培训机构的现状，及时形成调研报告上报市发改委、市商务局等市委经济运行工作组，

提 案 人　　工 作 单 位

通讯地址　　联系电话

提案委审查意见：

请市教育局办理。

内　　容：

目前我市正在全力推进正常生产生活秩序的恢复，各行各业都在奋力复工复产，按下发展的快进键。但是民营教育机构，如各类成人职业培训、艺术培训、学科辅导等民办教育机构仍处于停工状态，我市目前约 5000 家各类培训机构面临着倒闭的窘境。

1、“延期开学”、“禁止线下培训”等疫情防控措施本来已使校外培训行业受到致命打击，有的区市还明令要求“未

青岛市教育局答复件

为此建议，帮助和扶持民营教育机构度过难关，有序推进复工复课

一、在租金、金融、社保等方面给予一定的政策支持：

1. 出台优惠政策，对疫情影响严重期间的房租、物业费等给予一定补贴。

2. 出台金融扶持政策，对民营教育机构提供低息、贴息贷款等金融支持。

3. 使民营教育机构与中小微企业享有同等的社保减免待遇。

二、允许民营教育机构根据实际情况分批、分次组织教职员工复工，做好复课各项准备工作，但不得擅自群聚授课。

1. 民营教育机构教职员工提前复工，可以全面细致地做好学生复课前

各项准备工作，同时教职员工队伍本身的身体健康，也为后期学生复课做好先期保障。

2. 各类民营教育机构同样存在着复工后的经营压力，需要提前调整与充分准备，线上教育的迭代更新需要教职员工团队融合创新。

三、切实做好民营教育机构疫情防控和有序复工复课工作，逐步恢复正常工作秩序。

1. 民营教育机构复工前应根据市防控办要求对各类教学、生活场所和食堂进行全面消毒。

2. 民营教育机构按照疫情防控工作需求和机构规模，配备充足的防护口罩、消毒液、红外测温仪等疫情防控用品，并切实加强对消毒液、酒精等物品管理，避免安全事故发生。

3. 要求民营教育机构开展多种形式健康宣传教育活动，利用现有的校区公众号、宣传栏、LED 等平台普及卫生保健常识，依法依规开展科学防控。

4. 强化督导检查。各区（市）教育部门要在复课前加强对民营教育机构疫情防控工作的检查指导。

（2020 年）

23. 关于疫情对经济开局不利影响的应对建议

提案背后：

这是在2020年5月通过智慧政协平台网上议政提出的建言，当时疫情还比较严重，如今看来，想法虽然有局限性，但大多数还是有意义的。

2020年春节前突如其来的新冠疫情考验着中国社会面对突发应急事件的应对能力，在国内经济增速放缓、产业结构优化调整的关键时期，也给中国经济带来严峻的考验。疫情爆发已有四个月，形势依然严峻，随着各地企业陆续开工，疫情对实体经济的影响已充分显现：餐饮、旅游、电影娱乐、教育培训等线下消费为主的第三产业几乎停顿；对第二产业的影响也不容低估，受用工荒、上游原料供给不足、下游消费拉动不力、交通运输受限等诸多因素影响，很多生产型企业陷入无法开工的境地；同样，市场需求和生产骤降也将对投资、消费、出口等方方面面带来不利影响。目前我们正面临着疫情防控与经济恢复发展双重压力的问题，建议如下。

1. 工商、税务、人社等多个职能部门采取组合优惠政策，对受疫情影响严重的行业企业，如交通运输、旅游、文化餐饮等给与税收减免、社保减免扶持优惠。面临暂时性生产经营困难的中小微企业可缓缴税金、社会保险等经营性费用。

2. 减免中小微企业因疫情无法正常经营期间的房租。目前许多商铺都处于暂停营业状态，租金压力不言而喻，可以帮助这些企业实现租金部分减免，分阶段渡过难关。对承租公有资产经营用房的中小微企业，第一个月房租免收，第二、三个月房租减半；对租用个人经营用房的，鼓励业主

（房东）为租户减免租金。

3. 建议优化金融服务，加大对中小微企业的金融扶持力度。疫情给众多企业带来重大损失，尤其是对抗风险能力不足的中小微企业来说，厂房租金和职工工资照付、原材料上涨、市场收缩等困难重重，最大困难当属资金压力，因此建议金融机构对受疫情影响较大的中小微企业开展线上服务，提供金融服务“绿色通道”，根据企业需要提供一定的信贷额度，而且要特事特办，精简证明材料，简化审批流程，稳住资金链条、避免中小微企业因流动资金短缺而濒临破产的风险。

4. 我市中小外贸出口企业、国际货运企业受疫情影响比较大，应尽量予以扶持。对于因受疫情影响导致无法如期履行或不能履行贸易合同的，帮助其办理不可抗力相关的事实性证明。

5. 疫情对未来商业经济业态可能会产生深远的影响，加快传统商业的迭代升级。未来零售行业趋势很可能是“线上购物”对“线下购物“的加速替代。各种线上平台越来越开放，图文、短视频、音频等线上推广兴起，直播经济势头迅猛，建议相关部门应尽快出台相应规章与管理办法，加强对短视频经济及线上购物的安检、质保、税收、物流保障等全方位监管，促进线上经济的规范、有序管理。

（2020 年）

24. 关于盘活村镇闲置建设用地、助力乡村振兴的建议

（说明：此提案被推荐为农业和农村委员会界别提案）

我国农村地域广阔，村庄数量众多，随着城镇化推进，农村外出求学、务工人口流出，使得农村住房闲置率高达30%以上。由于历史原因，还存在着“一户多宅”的现象，一些撤并的镇驻地土地利用率不高，村庄建设用地闲置问题比较突出。这是我国农村目前普遍存在的现象。盘活利用村镇闲置建设用地，既能为集体、农民增收开辟有效途径，又能为城镇紧缺的建设用地提供支持，对全面推进乡村振兴战略、改善农村居住环境、发展农村集体经济、增加农民收入等将产生重要影响。

为此建议：盘活村镇闲置建设用地，助力乡村振兴战略实施。

一、全面摸底，对村镇闲置建设用地进行建档管理。对村镇闲置建设用地摸清底数，掌握实情。在全市范围内统计整理农村土地信息，对村庄占地、长期居住户数、闲置房屋数量、荒废公共用地、撤并镇驻地的土地资源等全面普查摸底，对闲置建设用地使用人、位置、面积、用途、使用沿革、优势特色，闲置宅基地的建造时间、面积、类型、质量、功能及周边环境等信息进行登记，建立闲置土地信息数据库、闲置宅基地及农房“一户一档”数据库，并分门别类进行管理与再利用。探索建立闲置土地信息服务平台，对接市场要素开展闲置用地的合理再利用、促进土地要素优化配置。

二、统筹规划，针对摸底状况进行分类规划。开展闲置宅基地利用价

值调查评价，通过评估闲置土地资源的数量、类型、空间分布、特色等结合当地村庄规划推进农村闲置土地资源的盘活利用。编制闲置土地盘活利用规划书，作为村庄建设规划的一部分，按照就地开发利用、与城镇建设用地增减挂钩等方式综合利用。

三、完善政策，为闲置建设用地再利用提供合法有效的保障。出台地方性闲置建设用地再利用条例，对盘活利用闲置土地的主体、对象、要素、条件及程序等做出规定，建立较为完善的闲置用地利用机制。

（一）实行宅基地有偿退出政策。按照一户一宅的原则，对多余的房屋实行有偿退出，对荒废、闲置的土地落实退出补偿标准。

（二）建立集体建设用地与国有土地同价入市的实施办法，厘清国家、集体、个人的利益界限。

（三）制定鼓励开发利用闲置建设用地的政策，在环境好、资源条件好的乡村，鼓励有经济实力的农村集体经济组织、新型市场主体对闲置宅基地、农宅盘活利用，发展乡村休闲旅游观光产业；鼓励有闲置宅基地经营意愿的农民发展休闲农业、生态农业、创艺农业，促进一二三产业融合，提高农民经营收入。

（四）探索实施农村宅基地长期租赁政策。鼓励宅基地和农房的租赁业务，激活闲置产能。

一是对长期闲置的二、三产业用地、公共服务用地予以公布，引导市场主体通过合作经营、新项目引进、使用置换等方式盘活再利用。

二是鼓励、支持农民集体经济组织、新型经营主体以闲置二、三产业用地为依托，转型、升级发展农副产品加工、乡村旅游、快递物流、电子商务等新兴产业。

三是清理整顿旧校区、旧市场管理场所、旧道路、旧站场、旧临时建筑等闲置用地，支持鼓励对停用的公共服务用地进行再利用。

（2021年）

25. 关于加强快递外卖企业监管、消除配送交通隐患的建议

提案背后的故事：

最近，路遇一起小的刮擦事故，快递小哥拐弯时过快被一辆汽车刮倒，起来后稍作整理赶紧骑车就走，路人善意地提醒他慢一点，他说“来不及了，再晚一会儿就要扣钱了。”关注这个问题，调研后发现，外卖小哥闯红灯、逆行、占用机动车道等交通违法现象频发的背后，除了非机动车辆的监管问题，还有垄断平台利益驱动的问题。

近几年外卖快递行业飞速发展，给人们的生活带来很大便利，但同时也带来诸多问题，如出现大量配送员违规上道、逆行、超速、闯红灯等现象，引发多起交通事故，严重影响交通秩序。目前交管部门已加强配送车辆监管、加大路面查处力度、严查配送员闯红灯、逆行、占用机动车道等交通违法行为，但多是对交通违法行为的整治，未从本质上解决配送员交通违法背后的无奈和利益驱动，且非机动车一般交通违章的违法成本较低，不足以为戒，目前外卖快递配送的交通秩序仍不容乐观，建议多措并举进行整治：一方面加大执法力度，对外卖交通违反行为进行严管，另一方面要加强平台企业的交通安全管理意识，同时发动公众监督、媒体曝光等社会力量进行共治。

现在外卖快递配送行业基本属于寡头竞争，各大平台企业的逐利性使其对配送员是压榨方式管理。平台制订各种考核制度，限定配送员在最短

的时间内送达货物，配送员为了“抢时间，争效益”，完全无视交通规则，这本身就给配送员自身和行人、行车的安全带来隐患。同时，平台与配送员安全意识不足，配送员自身及平台的交通违章成本较低，未引起足够的警醒重视。建议如下。

一、对快递外卖企业或其下属、隶属、物流合作的公司落实安全主体责任，优化管理评价规则和配送考核制度，科学发单派单，合理规定配送时间，禁止平台仅以每单延迟来处罚配送员，从源头上避免因考核不合理导致配送员超速、闯红灯配送等抢时间行为。

二、将外卖快递配送员信息纳入公安交管平台管理，对车辆和驾驶人

（A类）

青岛市公安局

青公议字〔2021〕69号　　签发人：王广键

对市政协十三届五次会议
第328号提案的答复

王玉静委员：

您提出的“关于加强快递外卖企业和配送员的监管的提案”收悉。现答复如下：

目前快递、送水、送报、外卖等已经成为市民日常生活中必不可少的一环，配送车辆主要有摩托车，和电动非机动

……为进一步有效整治摩托车及电动自行车交通违法行
……减少道路交通安全隐患，预防道路交通事故的发生，
……安局对此新业态下的道路交通安全管理工作做了有针
……的分析研判，出台了管理举措，严查道路交通违法。
……年全市查处外卖员驾驶电动车各类违法行为222801
……要工作措施有：

……、**加强组织，强化路面管理。一是**加强组织领
……确保集中整治行动取得预期效果，支队多次部署开
……治外卖摩托车交通违法行为。特别今年支队专门
……知，明确分工，成立了专项整治行动领导小组。
……周密部署，狠抓落实，在认真分析本辖区外卖
……通违法情况，有重点地开展工作。**二是**积极采
……查严纠。期间采取定点检查与路面巡逻相结合
……对外卖员驾驶摩托车不戴安全头盔、无证驾驶、

……不按照规定悬挂号牌、摩托车在禁行路段行驶等违法行为
……认真落实路面巡查责任制，每天坚持集中人员、车辆到承
……辖路段全程巡查，全面加强路面管控，切实做到定人员、
……定岗位、定时间、定目标、定责任，实行上限处罚，加大
……处力度。**三是**突出重点。以高速公路、城市快速路、摩
……车及电动自行车密集区域的郊区、乡镇、城乡结合部、
……和农贸市场周边、餐饮外卖企业周边、事故高发（危
……）路段为重点整治区域；以上下班高峰期、双休日、传
……日、夜间以及农村地区市集日等为重点整治时段，严
……员驾驶车辆摩托车的拼装、报废、逾期未检验、超
……戴安全头盔、无牌无证、准驾不符、闯红灯、闯禁
……违法行为，以及电动自行车闯红灯、逆行、占用

……走访摸排，组织交警中队对辖区快递、送餐、送水、……
等企业网点进行全面摸排，宣传整治内容和事故案例，督促相关企业为从业人员配备安全头盔、反光背心，教育其出行依法规范行车。**二是**市公安局交警支队对智能交通系统进行升级，对违法电动三轮车进行自动抓拍，并转递企业进行行业双重处罚。四是加强外卖车辆的挂牌和审验管理。**三是**加强外卖、物流企业对外卖配送员在入职前的交通安全培训，督促外卖企业定期开设专项安全培训，辖区交警大（中）队通过对配送员开展现场讲座、交通安全培训，培训内容应涉及交通法规制度、道路问题处理、实际

交警支队

2021年2月23日

（联系单位：秩序处　　联系电话：66572739）

青岛市公安局答复件

员进行登记，实行“一人一车一证一码”的管理措施。强化快递外卖、物流配送企业加强交通安全教育，由交警部门派出民警协助企业定期组织安全教育培训，并规定将安全教育学习的频次、效果与考核作为配送员上岗上路的基本条件。

三、加大对外卖快递配送员交通违法行为的执法力度。除行政处罚外，配送员一次交通违法，需参加一天的道路交通指挥体验工作，增强其守法意识；两次交通违法，需停职学习三天；三次交通违法则永久取消从业资格。对外卖快递配送引发的严重交通事故采取触发式监管，只要有一人涉伤亡交通事故，快递外卖企业需停工整顿。交警部门应定期将违法信息汇总通报所属企业，要求企业落实主体责任和加强内部处罚教育。

四、对出现配送员交通违法行为的外卖快递平台予以同步处罚。交管部门定期公布外卖配送企业的交通违法总量及违法率，每月将交通违法的配送员和所属企业推送新闻媒体，定期实名曝光。并联合主管部门对交通违法、事故较多以及交通安全主体责任落实不到位的企业进行约谈，将其行政处罚信息纳入不良企业信用记录。

五、向广大市民推出针对快递外卖配送员违法行为的有奖监督举报电话，通过与交通广播、电视台、各类纸媒、网络媒体等实现联动曝光，推动外卖快递配送员规范出行。

（2021年）

26. 关于以时尚都市电视 / 网络作品展示宣传青岛城市形象的建议

提案背后的故事：

一曲《成都》让成都成为年轻人最喜爱的时尚打卡城市，一部《都挺好》向世人展现了苏州的美，一部《装台》全方位展示出西安的美景、美食和历史文化文化……热播的影视网络作品，以点带面就能带火一座城市。

如今城市形象宣传已成为城市参与市场竞争、获得社会资源的全新手段，而时尚的电视网络剧对于城市形象宣传作用较大，甚至可以作为城市宣传的重要媒介，向全国乃至世界传递展现城市形象，吸引公众关注，增强时尚美誉度，城市形象通过影像、声音、剧情三方面的立体传播完美地展现在世人面前。

我市正加速向开放、现代、活力、时尚的国际大都市迈进时刻，建议全力打造一部时尚都市电视/ 网络作品，全新展示我市的城市形象。

一、由宣传部门、文旅部门主导、筹建拍摄一部电视/ 网络时尚剧，可由本地重点企业进行赞助筹资，作品以青岛城市生活为背景，通过剧情变化展现青岛市民的时尚生活，彰显城市时尚品质。可将反映青岛时尚特征、文明底色、发展成就、重大机遇、产业升级、工业互联网之都等现代元素蕴含作品其间，成为青岛新的时尚魅力城市标签。

二、选取能表现我市城市形象的作品、编剧、导演，以我市代表性元素作为电视剧中的背景，但区别于纪录片，需将城市形象的隐性信息转化

复
面

中共青岛市委宣传部

青宣督字〔2021〕23号

中共青岛市委宣传部
关于市政协十三届五次会议第089号
提案的答复

王玉静委员：

您提出的"关于以时尚都市电视/网络作品展示宣传青岛城市形象的提案"（会字第089号）收悉。我部会同市文化和旅游局进行了认真研究办理，现将办理情况答复如下。近年来，我市高度重视影视产业发展，加强政策引导，完善配套服务，抓好重点作品创作生产，推出了一批讴歌时代进步、展现青岛风貌的影视作品。

一、加强政策引导，推动影视精品创作及产业发展

近年来，在推动精品创作方面，我市制定出台《青岛市2020——2022年文艺精品创作生产规划》，修订出台《青岛市文艺精品项目扶持奖励办法》，加强对影视精品创作引导，加大对影视剧本创作扶持及优秀影视作品奖励。针对影视业市场化程度高的实际，在推动影视产业发展方面，我市先后出台《关于促进影视产业发展的若干意见》《青岛市高端影视文化产业发展规划（2014—2020年）》《关于在新旧动能转换中推动青岛文化创意产业跨越式发展的若干意见》等政策文件，配套制定《青岛市影视产业发展基金管理使用办法》《青岛东方影都影视产业发展专项资金优秀影视作品制作成本补贴细则》及补贴基准核定标准，区级层面如西海岸新区、即墨区均出台影视产业专项政策，影视产业政策扶持体系不断完善。

二、完善配套服务，推动影视产业服务体系建设

为……
力打造……
式"量……影视发展中心，统筹推进全市影视产业服务体系建设。在西海岸新区成立了灵山湾影视局，设立影视摄制服务中心、影视人才服务中心，就近为剧组和企业提供便利化服务，编制发布影视拍摄服务指南，建立影视外景地和服务企业资源库，初步形成了标准化、平台化的影视服务体系。为解决影视制作拍摄过程中的群众演员问题，灵山湾影视局发起了《群演公社》项目，包括"线上线下培训交流服务平台搭建+群演招募遴选活动+山东卫视群演培训纪实节目"三个组成部分，联合阿里巴巴钉钉打造了全国首个群演管理智能家园，开发了功能完善的"群演公社智能数字化服务管理平台"。群演公社自启动以来，为《封神三部曲》《冰糖炖雪梨》《青岛1919》等剧组提供群众演员2000余人次。

……近几年，每年吸引200……我市拍摄取景，其中很多作品集青岛出品、青岛取景和青岛籍主演于一身，电视连续剧《阳光……《巡回检查组》《暖爱》分别在央视一套及省级……对于宣传推介青岛城市形象起到积极推动作用。……也注重扶持以青岛城市生活为背景、展现青岛……电视剧。去年以来，我市文艺精品扶持项目之……胡同里的故事》，就是以90年代到2000年初的……为背景，讲述了90年代一群青岛青年在时代……斗，追求美好生活的青春励志故事。目前，……摄和后期制作，即将上线省级卫视。另一扶……见我的声音》，以2008年奥运会与2020年……述青岛经济社会飞速发展过程中，90后青……该剧正在拍摄过程中，后期将在网络平台……

……容生产创作，加……体系和协调服务网……"，推出更多展现……影视精品，为宣传推介青岛城市形象起到积极……

中共青岛市委宣传部
2021年4月13日

……刘青林
……王小玮　85911715
……办、市政府督查室议案处。

中共青岛市委宣传部答复件

为显性信息，如城市文化内涵、民俗风情、建筑标识、美食美景等，使观众更好地了解青岛的城市风貌、生活习惯、精神状态、人文个性等，将立体城市形象与剧情故事的发展相呼应，可以夹入方言、舞蹈、典籍故事等特色文化，全方位展现我市的市民生活，将城市形象完全融入到剧中。

三、邀请公众形象良好的唐国强、倪萍、黄晓明、黄渤、夏雨……等青岛籍老艺术家和流量明星等出演，共同为家乡发展助力。

（2021年）

27. 关于公共场所禁止电子设备声音外放的建议

提案背景：

2020年11月，在北京开完会后乘高铁返青。本想利用路上三个小时休息一会儿，但周围尽是手机、PAD、电脑、MP3外放的声音，有的播放网络神曲、有的刷着短视频、有的播放电影等等，声音很大，整个车厢比较嘈杂。

如今，播放电子设备是很多人喜欢的休闲娱乐方式之一。但在公共场所，如公共交通工具、候机厅、候车室、机场码头客运站、饭店、影院等公共场所，将电子设备(手机、电脑、MP3、播放机等)声音外放，且声音很大，完全不顾他人感受，这样的行为就很不文明，严重干扰了他人和公共环境。在公共场合不大声喧哗，以免妨碍他人，这是市民应具备的最基本素养和常识，而电子设备声音外放无异于大声喧哗，且声音嘈杂，分贝过大，也算是噪声污染。同时因电子设备声音外放引发的乘客、观众、游客等矛盾冲突屡有发生。为了给广大市民提供和谐文明的公共环境——

建议在公共场所，尤其客运交通相关场所禁止电子设备声音外放。

一、在机场、码头、火车站、客运交通工具上、饭店、影院等公共场所的窗边、座椅等明显位置设置提醒标识牌(如：电子设备声音请勿外放)。同时在公共广播中增加类似的提示语言播报。

二、公共场所管理部门、客运交通部门等制定专门规章制度，指导乘务员、安保人员等公共场所管理服务人员对电子设备声音外放的不文明行

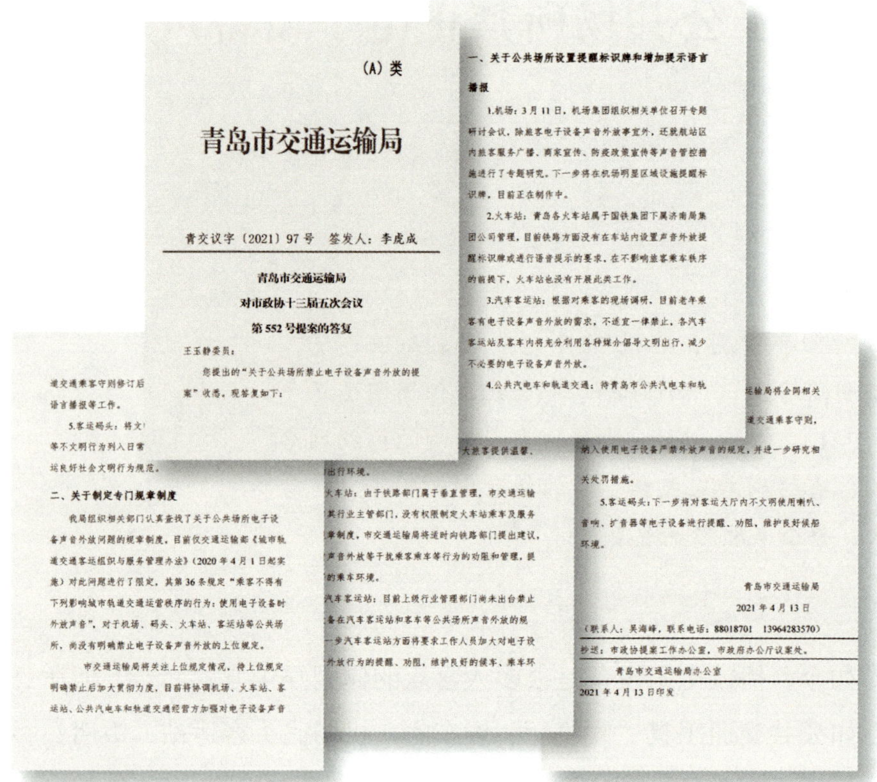

（A）类

青岛市交通运输局

青交议字〔2021〕97 号　签发人：李虎成

青岛市交通运输局
对市政协十三届五次会议
第 552 号提案的答复

王玉静委员：

您提出的“关于公共场所禁止电子设备声音外放的提案”收悉，现答复如下：

一、关于公共场所设置提醒标识牌和增加提示语言播报

1.机场：3 月 11 日，机场集团组织相关单位召开专题研讨会议，除旅客电子设备声音外放事宜外，还就航站区内旅客服务广播、商家宣传、防疫政策宣传等声音管控措施进行了专题研究。下一步将在机场明显区域设施提醒标识牌，目前正在制作中。

2.火车站：青岛各火车站属于国铁集团下属济南局集团公司管理，目前铁路方面没有在车站内设置声音外放提醒标识牌或进行语音提示的要求，在不影响旅客乘车秩序的前提下，火车站也没有开展此类工作。

3.汽车客运站：根据对乘客的现场调研，目前老年乘客有电子设备声音外放的需求，不适宜一律禁止，各汽车客运站及客车内将充分利用各种媒介倡导文明出行，减少不必要的电子设备声音外放。

4.公共汽电车和轨道交通：待青岛市公共汽电车和轨

道交通乘客守则修订后
语言播报等工作。

5.客运码头：将文
等不文明行为列入日常
扬良好社会文明行为规范。

二、关于制定专门规章制度

我局组织相关部门认真查找了关于公共场所电子设备声音外放问题的规章制度，目前仅交通运输部《城市轨道交通客运组织与服务管理办法》（2020 年 4 月 1 日起实施）对此问题进行了限定，其第 36 条规定“乘客不得有下列影响城市轨道交通运营秩序的行为：使用电子设备时外放声音”，对于机场、码头、火车站、客运站等公共场所，尚没有明确禁止电子设备声音外放的上位规定。

市交通运输局将关注上位规定情况，待上位规定明确禁止后加大贯彻力度，目前将协调机场、火车站、客运站、公共汽电车和轨道交通经营方加强对电子设备声音

大旅客提供温馨、
出行环境。
火车站：由于铁路部门属于垂直管理，市交通运输
某行业主管部门，没有权限制定火车站乘车及服务
章制度，市交通运输局将适时向铁路部门提出建议，
声音外放等干扰乘客乘车等行为的劝阻和管理，提
的乘车环境。
汽车客运站：目前上级行业管理部门尚未出台禁止
备在汽车客运站和客车等公共场所声音外放的规
一步汽车客运站方面将要求工作人员加大对电子设
外放行为的提醒、劝阻，维护良好的候车、乘车环

运输局将会同相关
道交通乘客守则，
纳入使用电子设备严禁外放声音的规定，并进一步研究相关处罚措施。

5.客运码头：下一步将对客运大厅内不文明使用喇叭、音响、扩音器等电子设备进行提醒、劝阻，维护良好候船环境。

青岛市交通运输局
2021 年 4 月 13 日

（联系人：吴海峰，联系电话：88018701　13964283570）

抄送：市政协提案工作办公室，市政府办公厅议案处。

青岛市交通运输局办公室　2021 年 4 月 13 日印发

青岛市交通运输局答复件

为予以劝导、教育、警告甚至处罚，对劝阻无效甚至引发冲突的给予行政罚款、列入交通出行黑名单限制出行，也可尝试纳入公共信用信息管理系统。

三、在幼儿园、中小学校等基础教育场所，加强社会举止文明规范教育，将不在公共场合高声喧哗、轻声接打电话、电子设备不外放声音等作为补充内容来宣讲。让社会文明行为规范深入学生心中，以期社会公共文明的长足进步。

（2021 年）

28. 关于县市公职人员在公务场合使用普通话的建议

普通话是我国通用语言。在公务场合讲普通话，便于人际交流和沟通，减少不必要的语言误会，也是一种社交尊重的表现，展示开放的良好形象和素质。如果有人使用方言，对方听不懂，很可能影响正常交流与沟通效率。我市作为一个开放的城市，更应该大力推广使用普通话，努力营造利于政务商务往来、旅游文化交流的良好语言环境。

为此，建议在公务场合推广使用普通话。

1. 各级党政机关干部和工作人员、服务企业的职能部门及窗口单位，在各级各类会议、汇报和布置工作、新闻发布会、接受媒体采访、接听电话、接待群众来访、接待上级和外来客商、对外联系工作以及参加面向社会公众的公务活动等场合，必须使用普通话。组织有关部门抓好常规检查和随机抽查，动员广大市民对不按规定使用普通话的公务情况开展监督，保障公务场合使用普通话。（为便于联系群众，乡镇机关工作人员在与农村群众沟通交流时可酌情使用）

2. 面向公共服务行业从业人员必须使用普通话，包括从事铁路、民航、出租车、公交车、长途汽车、轨道交通等公共行业的语音播报员、服务员，旅行社导游和景区景点、博物馆、展览馆、图书馆、影剧院等公共文化旅游场所的解说员、播音员、服务员，商场、酒店、饭店等商贸服务

青岛市教育局

青教督查字〔2021〕28号

A

青岛市教育局
关于市政协十三届五次会议
会字第491号提案的答复

王玉静委员：

您提出的《关于公务场合推广使用普通话的提案》收悉，现就该提案答复如下：

一、感谢您对语言文字工作的关心与关注，您提出的提案建议非常好，完全符合国家、省、市关于加强语言文字工作政策方针，对提升我市精神文明建设具有很大的指导意义。

二、多年来，市语委、市教育局及各语委委员单位认

……

多诵读人才，诵读对于提高市民、中小学生普通话素养产生了重大而深远的意义。

（四）一直以来，我市广播电台、电视台等公众媒体绝大部分以普通话作为播音、主持和采访的基本用语。为兼顾地方特色，增强节目传播吸引力，也会推出极少数地方语言类节目，但绝大部分均以普通话为主。目前，市广播电台、电视台等公众媒体要求播音、主持人员均需取得《普通话水平测试等级证书》，且必须达到一级乙等及以上，鼓励记者、编校人员积极主动参加普通话水平测试，获得相关证书，并将此作为人员综合考评的重要依据。

（五）《中华人民共和国国家通用语言文字法》规定，学校及其他教育机构以普通话为基本的教育教学用语。《教师资格条例》实施办法第二章第八条（二）规定，普

……

（联系人：青岛市教育局体卫艺处，联系电话：85912947）

青岛市教育局办公室　　主动公开

2021年3月18日印发

青岛市教育局答复件

行业的前台（服务台）工作人员、服务员，自来水、供电、燃气和医疗、银行、保险、邮政、通信等便民服务行业营业厅（网点）的工作人员，以及政务大厅、海关、公安出入境管理等公共服务管理行业的窗口工作人员，以上面向公众的公共服务行业从业人员使用普通话。

3. 要求广播电台、电视台等公众媒体以普通话作为播音、主持和采访的基本用语，严格落实播音、主持、记者、编校等相关语言工作从业人员普通话水平等级资格准入制度。

4. 要求各级各类学校教职人员在从事教学工作时必须使用普通话。

（2021年）

29. 关于规范中小学生校外托管机构管理的建议

目前幼儿园、小学多是下午四点前放学，如果没有老人接送，双职工家庭接学比较困难，而且职工下班后忙于家务，辅导孩子功课也是难题。虽然有的公立学校已开展课后服务，但因课后服务内容、人员管理、服务时间等原因无法匹配社会需求。中小学生校外托管机构应运而生，校外托管解决了家长接送孩子的实际困难，给中小学生的校外看护、课业辅导等提供了较大便利。但是目前托管市场存在着经营不规范、安全隐患突出等问题。

1. 校外托管机构主管部门不明确，校外托管机构属于社会服务行业，不仅涉及工商管理、教育、民政，还涉及到卫生、消防等一系列部门，各部门的职权范围中均未明确审批和管理权限，使得缺乏明确管理主体及相关制度约束。各区市校外托管机构众多，但很多居民楼里的“小饭桌”资质不全，有的只是个体工商资质，取得教育监管许可的更少。

2. 安全隐患问题较多。校外托管机构多是小型民办机构，存在设施不完善、场地狭小、管理水平低等问题，甚至存在严重的安全问题。很多设在学校附近的居民楼内，多为家庭化托管，有的居民楼属老旧小区，一旦发生火灾或其它问题，学生安全难以保障。多数机构消防、消毒及卫生设备设施不全，防疫能力弱，托管饮食安全也无法保障。

青岛市教育局

青教督查字〔2021〕74号 签发人：刘鹏照

A

青岛市教育局
关于市政协十三届五次会议
会字第536号提案的答复

王玉静、田文玲、于少华委员：

您提出的《关于规范中小学生校外托管机构管理的提案》收悉。现就该提案答复如下：

校外托管机构的存在一方面满足了部分家庭看护接送学生的需求，丰富了我市的教育资源，另一方面也存在着一些问题，扰乱了市场和教育教学秩序。为适应社会发展需求，规范校外托管机构行业秩序，市教育局从严格审批、加强监管、强化联动、行业自律等方面开展了工作：

一、明确准入标准，严格分类管理

明确和细化部门职责分工，营利性校外托管机构营业
的办理属于依申请的行政许可事项，应由申请人依法
记机关提出行政许可申请。目前，我市各级市场主体
关根据山东省市场监管局《关于全面实行市场主体
围规范化登记的通知》（鲁市监注字〔2020〕212号）
在市场主体经营范围的审核中均使用国家市场监管
行的标准化表述。对于为中小学生非在校时段提供
、看护服务（不包括从事课余辅导、教育培训、
相关的业务）的，经营范围核准为“中小学生校
务（不含餐饮、住宿、文化教育培训）”，属于一
直接开展经营活动；对于同时提供教育培训的，
增加“面向中小学生实施学科类培训的营利性民
”，属于前置审批事项，需先取得《办学许可
展经营活动；对于同时提供餐饮的，经营范围
服务”，属于后置审批事项，需取得《食品经

营许可证》方可开展经营活动。

二、强化协同联动，提升发展水平

为进一步做好校外托管机构管理，市场监管、审批和
教育等部门加强沟通协调，及时将从事“面向中小学生实
学科类培训”和“餐饮服务”的校外培训机构登记信息
过“证照分离”审管互动平台等实现信息共享，协同联
，强化日常监管，按照“属地管理、部门协同、疏堵结
多元参与”的原则打好“组合拳”，巩固前期校外培
机构专项治理成果，对全市校外培训机构治理和监管工
展专项治理“回头看”，重点检查违规培训机构的整
实，防止反弹。同时建立公布“白名单”“黑名单”
将教育行政执法结果与行政相对人的信用信息对接，
建立守法诚信褒奖机制和违法失信行为惩戒机制，使
法办学者端正办学思想，走诚信办学之路。

、加强诚信建设，发挥协会作用

切实加强行业自律、行业维权，提高服务效能，适

个分会，在理事会中吸收媒体、律师、审计等专业人
加。协会建立青岛市民办教育信息平台，公布依法审批登
记的合格培训机构名单，曝光违规机构违法行为，发布相
关政策规定，加大信息公开力度。加大正面宣传和引导力
度，针对群众反映的“正规培训机构的选择”“教育违法
行为的处罚”等热点问题，分专题进行重点宣传报道，强
化行业自律，开展民办教育机构信用度评选活动，对教育
培训机构和市场，形成行业、舆论、家长三方共同参与的
社会监督体系。通过各方努力，形成推动校外托管行业正
向发展的强大合力。

下一步，市教育局将会同市场监管、审批等部门进一
步优化企业登记服务，严格分类审批和管理。校外培训机
构的市场主体（公司）若从事教育培训业务，首先需在教
育主管部门依法办理《办学许可证》后，根据属性向登记

再次感谢您对教育事业的关心和支持！

青岛市教育局

2021年4月23日

人：青岛市教育局民办教育处，联系电话：85912946）

教育局办公室 主动公开 2021年4月23日印发

青岛市教育局答复件

3. 校外托管机构从业人员参差不齐，很多属于没有任何上岗资质的人员，对学生的教育、安全及监管没有根本的保障。

4. 校外托管机构缺乏行业组织管理与行业行为自律。

为了更好地解决城市职工子女课后看管教育问题，建议采取切实有效的措施对学生课后服务载体——校外托管机构加强监管、规范其行业秩序，也鼓励其健康有序地发展。

为此建议：

1. 明确管理主体责任，明确校外托管机构办理流程及软硬件条件，以及从业人员资质等，规范审批登记流程。

2. 开展专项清理整顿，对目前缺乏资质、消防卫生设施设备不合格、

存在安全隐患的机构予以停办、整改等全面治理。通过不定期抽查、年度审核等方式加强日常管理，使校外托管机构管理规范、服务到位、确保学生安全托管。

3. 提高从业人员素质。因托管服务同时具有安全看管和教育属性，所以应加强对相关从业人员的教育资质要求与培训，推行从业人员持证上岗制度。建议从业人员需具备教师资格证，或由教育、人社等部门把现有托管机构的服务人员纳入职业技能培训范围，制定详细培训规划，经考试合格后发给相应的上岗资格证书。

4. 鼓励支持有能力、有社会服务意愿的教育企业依据法律法规组织成立托管行业协会，引导提升行业标准，规范行业自律，促进托管服务行业的健康发展。

（2021 年）

30. 关于加强入境人员隔离管理的建议

提案背后的故事：

“对于尚处集中隔离期和居家隔离期以及其他待核准人员，建议对其“健康码”的状态增加备注，比如采用黄码待确认状态，以避免其擅自出入公共场合的潜在风险，进行公共风险提醒。在集中隔离和居家隔离措施全部完成后，其健康码恢复为绿码。”这个提案里，让自己有点骄傲的是这条，当时国内没有任何参照，是自己在看到红、绿、黄灯时受启发想出了一个“黄码待确认状态”后来实施的黄码不知是哪位原创，也算是英雄所见吧！

最近，国内多点散发零星病例，有的省市疫情防控形势比较严重。报道如下。

1. 有的地方出现入境人员解除14 天集中隔离后被确诊，并引发本土病例的情况；出现多起多次检测呈阴性后转为阳性的病例；也出现了居家隔离后检测呈阳性病例。

2. 入境人员在完成14 天定点隔离后，按制度规定应居家自我隔离14 天。但据报道个别地方出现居家隔离期间私自外出，后被确诊为阳性病例又传染他人的情况。

作为重要港口城市，青岛应对以上情况高度重视，为切实防范超长潜伏期感染者，避免出现无症状感染者的不经意扩散，引发疫情，建议如下。

1. 鉴于国际疫情严重且出现病毒变异，建议对入境人员采取14+7+7 的严格隔离措施，即集中隔离14 天+ 区市（社区）隔离7 天+ 居家隔离7 天。据了解，目前北京、杭州地区已采取了14+7+7 的入境人员隔离政策，青岛作为外向型港口城市，也适合加强集中隔离，因为目前已发现变异病毒携带体（人/ 物），存在潜伏期延长的可能；同时，对于超长潜伏期的患者，其居家隔离期间很容易传染家庭密接者，而无症状密接者又容易引起进一步扩散，所以建议延长集中隔离期。

2. 加强对入境人员居家隔离期间的生活废弃物的管理。目前已出现多起入境人员在居家隔离期间检测出阳性，其生活废弃物可能造成环卫、保洁等直接或间接接触垃圾的人员感染和病毒传播，建议对入境人员居家隔离期间的生活废弃物制定专门办法进行处理，由专人收集、专人销毁。同时对其生活公共区域如电梯按钮、楼梯扶手、公共垃圾桶等加强清洁消毒。

3. 对处于集中隔离期和居家隔离期的人员，进行公共卫生安全防范义务宣讲，加强其隔离期间的行为约束。建议要求居家隔离者签订居家隔离规范行为意见，可考虑将居家隔离期间的行为纳入社会征信系统。

4. 压实入境人员居家隔离期间的社区、物业公司监管责任，发挥基层社区工作人员、志愿者的作用：严格做好居家隔离人员的登记；加强居家隔离期间管理，对于不自觉遵守居家隔离行为规范的人员予以防范、劝阻，必要时采取强制措施；建立对居家隔离期间人员进行不定期抽查制度（目前有的只是采取电话抽查），以避免出现不自觉外出的情况；建议对居家隔离人员实施半封闭管理，即限制其与外界人员直接接触，限制其亲友来访、尽量限制其家人群聚。

5. 严格做好能直接接触到居家隔离人员的社区工作人员、志愿者、物业工作人员、外卖小哥、邻居等的防范工作，要求其在与居家隔离人员必要接触时，做好必要的防护。

6. 对于尚处集中隔离期和居家隔离期以及其他待核准人员，建议对其“健康码”的状态增加备注（如黄码待确认状态），以避免其擅自出入公共场合的潜在风险，进行公共风险提醒。在集中隔离和居家隔离措施全部完成后，其健康码恢复为绿码。

（2021 年）

31. 关于加大老年开放大学投入的建议

老年人是国家和社会的财富，老年教育是我国教育事业和老龄事业的重要组成部分。2019 年末，我市常住人口为949.98 万人。根据青岛市统计局人口抽样调查数据，我市60 岁及以上年龄人口为220.4 万人，占总人口比重23.2%，超过全国老龄化水平5 个百分点。然而青岛现有的老年教育资源远远无法满足学习需求，老年教育“一座难求”问题越来越突出。另一方面，面对迅速扩展的老龄人口规模，我市受过养老服务与管理专业技能培训和学历教育的人才极端缺乏，供需矛盾十分突出。

根据国务院办公厅《老年教育发展规划（2016—2020 年）》(国办发〔2016〕74 号)、《山东省人民政府办公厅关于加快发展老年教育的实施意见》（鲁政办发〔2018〕7 号）、《教育部关于办好开放大学的意见》（教职成〔2016〕2 号）等文件精神，尤其是《青岛市人民政府办公厅关于加快发展老年教育的实施意见》（青政办发〔2018〕7 号）明确提出：“充分利用市广播电视大学远程教育多媒体课程资源，建立市级老年开放大学。”

为大力发展我市老年远程教育事业，实现我市老年教育现代化，满足老年人多样化学习需求，青岛广播电视大学（现为青岛开放大学）设有书画、舞蹈、人文、声乐、器乐、戏曲曲艺、综合应用七大院系，开设了民

青岛市教育局

青教督查字〔2021〕93号 签发人：刘鹏照

A

青岛市教育局
关于市政协十三届五次会议
平字第032号提案的答复

王玉静委员：

您提出的《关于加大青岛老年开放大学投入的提案》收悉。感谢您对青岛继续教育的关心与支持！市教育局高度重视，会同青岛开放大学、市财政局，就加强老年教育、加大青岛老年大学开放大学投入进行专题研究。现提出办理意见如下：

一、基本情况

育作为构建学习型社会、搭建终身学
要抓手，对于提高全民教育水平、推
量发展有着重要意义。老年教育作为
重要内容，是积极应对人口老龄化的
。青岛市在贯彻落实教育部、山东
的基础上，积极发展社区教育、老
全方位、宽领域、多元化推进，老
得较好成效。
教育整体部署取得进展
市政府高度重视继续教育工作，
关文件精神，创新开展具有城市
活动。《青岛市教育局等7部门关
建设的若干措施》已于2016年
。目前文件各项目标已得到有
会建设已基本实现全覆盖。已
学、社区教育学院、社区教育
成为一体的四级服务平台，社
到了广泛的关注和支持。
老年教育发展

老年人真正实现"老有所为、
"，国家、省、市高度重视老
，为贯彻落实《国务院办公
发展规划（2016-2020年）》的
政府办公厅关于加快发展老年
我市出台了《青岛市人民政府
老年教育的实施意见》，从制
提高老年教育服务能力的目标
集中在"互联网+老年教育"重
充分利用青岛市广播电视大学
资源，建立市级老年开放大
年教育标准化建设
体制机制建设逐渐完善，各类
合性方向发展，依托社区教育平
准化建设水平不断提升。2018、
过1272所社区教育（老年教育）
教育基础建设不断完善。
开放大学建设情况

教育事业发展，实现我
老年人多样化学习需求，
放大学发挥办学优势，
大学，设有书画、舞蹈、
曲艺、综合应用七个院
员197个班次，招生
诗词、篆书、声乐、
97门课程。青岛老年
获得了2019年全国优
年开放大学的身份问
要求，尚未设立正式
大学身份问题，2020
大学提出了《关于依
大学青岛老年开放
学的支持，目前正
需近期得以解决。
多种形式支持青岛
开放大学）建设老

根据您的建议，下一步，市教育局将立足发展需求和区位优势，推进青岛市老年教育高质量发展，融入新发展格局。

一是健全老年教育发展机制。健全终身学习体系，创新发展老年教育，构建老年教育四级网络，建设全市老年教育在线开放课程平台，培育老年教育示范组织，鼓励社会力量兴办老年教育。进一步扩大老年教育资源供给，加强以老年大学为引领，老年学校及教学点为支撑的老年教育阵地建设。推动互联网+老年教育工作深入开展，借助老年教育在线学习平台，为全市老年人提供丰

育专家库和
强老年教育名师培育和老年教育专兼
提升等工程，提升老年教育师资管理
能力。
老年教育立法工作。积极就老年教
展立法调研，《青岛市终身教育促进
初稿，正在征求相关部门意见，将
程序，用法制化手段，解决好我市
的是老年大学硬件、软件资源不足
上推动我市老年教育平稳、健康
年教育建设投入。市财政局将会
大力支持老年教育事业发展。

青岛市教育局
2021年4月25日

青岛市教育局职业教育与继续教
85912848）

青岛市教育局答复件

族舞、诗词、篆书、声乐、彩铅画、口哨、青岛非遗等97门课程，其“高智银发”品牌获得教育部的全国优秀继续教育品牌，为青岛老年教育做出了积极贡献，并有力地提升了青岛老年教育在全国的影响力，但至今没有正式“户口”，完全依靠青岛开放大学自筹资金维持运转，颇为艰难。

发展老年教育是积极应对人口老龄化的重要举措，应充分挖掘老年人的潜力与作用，让老年人真正实现老有所为、老有所学、老有所乐。要充分重视基层老年人的迫切需要，开展好多种形式的学习服务，充分发挥国家开放大学的办学特色与优势，创新发展老年教育，打造全国老年教育样板。

宁波电大2011年即获得500万元开办资金开办了宁波老年开放大学，

近3年又投入1500多万元。内蒙古电大获得区政府800万元拨款专项建设内蒙古老年开放大学。为此建议如下。

1. 依托青岛开放大学正式成立青岛老年开放大学。

2. 成立教育部门牵头，宣传、民政、老干、卫健委等相关部门共同参与的社区教育老年教育领导协调机制。

3. 尽快出台《青岛市终身教育促进条例》（含老年教育）并配套实施细则。

4. 对老年教育予以一定的资金支持鼓励。

（2021年）

32. 关于解决教培行业内质量、资金安全监管问题的建议

受新冠肺炎疫情影响，教培机构去年全行业进入了形势严峻的寒冬。2020 年上半年全国范围内倒闭、破产机构超过20%，尤以湖北、北京、河北、山东等九省市最为严重，破产率达到了30% 以上。即使勉强维持的机构也是步履艰难，几乎全行业陷入营收下降局面，营收比同期下降一半以上的达到68%，仅有4% 的企业勉强持平或略有增长。我市教培机构同样如此，韦博英语、趣动旅程、优胜教育等大中型教育机构纷纷破产倒闭，区域性小型机构更未能幸免，众多学生及其家庭陷入了课外课程停课、退费、转训、维权乃至法律诉讼的麻烦中。

事实上，教培行业存在的问题由来已久，疫情只是这些痼疾爆发的“催化剂”。教育培训行业里教学质量争议、安全纠纷、机构卷款跑路等现象较为普遍，其间，教育培训质量效果、教培学费安全性是比较突出的矛盾。

建议：在教育部门的监管指导下，用市场化的手段系统解决课外培训市场的质量、资金安全管理问题。

1. 建立和完善课外培训行业治理制度，探索公平、可靠的市场化手段，制度化解决课外培训市场存在的问题。具体来说，围绕提高课外教育质量和保证资金安全两个方面，探索引进第三方的教育质量监管系统和教育资金托管平台，引导课外培训市场有序竞争、良性发展。

2. 加强培训机构教学质量过程监管。改变教育“过程难介入，结果不

青岛市教育局

A

青岛市教育局

关于市政协十三届五次会议

平字第034号提案的答复

青岛市教育局答复件

清晰”的固有弊端，探索实现对教育过程的可视化监管的可能。鼓励和扶持教育类互联网平台企业，充分利用现代科学技术，实现对教育过程的独立监管。鼓励和扶持企业利用现代科学技术实现对教育结果的科学监管。

3. 建立公开、公正的教育评价体系，提高家长和学生在教育活动尤其是教育结果测评活动中的话语权。鼓励和扶持教育互联网平台企业，参照已成熟的网购、餐饮和出行类网络平台，构建类似又符合教育行业个性特征的平台机制，以第三方平台家长点评为依据，探索建立课外教育培训机构的评级制度，使之成为公平公正、科学权威的教育质量评价体系，成为教育培训行业健康发展的保障。

4. 加强对教育资金安全的监管。建立教育资金托管平台，利用银行托管账户管理教育资金，保证教育资金的安全，杜绝类似“卷款跑路”的极端失信行为。

5. 鼓励和扶持培训机构和平台企业，探索实行包括“后付费”在内的多元化消费模式。鼓励和扶持相关机构和平台进行探索和尝试，以解决教育培训行业存在的突出矛盾。

（2021 年）

33. 关于以“严管”代替“严禁”加强燃放鞭炮管理的建议

提案背后的故事：

2021 年2 月4 日，人民日报客户端刊发了一篇文章《向地方政府建一言：不宜禁放鞭炮》，颇有同感。

这几年，为了解决燃放鞭炮可能引起的空气污染、噪音、人身安全、火灾风险等问题，多地采取了明令禁止的方式。但是燃放鞭炮又是我国最重要的民族节日春节里老百姓比较喜爱的传统习俗，对增添喜庆气氛、寄托美好愿望均有益处，不宜一禁了事。

建议通过加强管理防止燃放隐患，同时通过限时、限地的方式避免过量燃放。

1. 在特定区域内限制燃放烟花爆竹。目前平度、即墨、平度等已公布禁放区域，建议在市内其他区市同样设定禁放区域：机关办公场所；文物保护单位；机场、车站、码头等交通枢纽以及铁路线路安全保护区；医疗机构、学校、幼儿园、老年人休养场所；建筑物的楼顶、阳台、楼梯、走廊、窗口；林地、绿地等重点防火区；易燃易爆物品生产、储存单位；储备可燃的重要物资的仓库、基地；输变电设施安全保护区等。除了此类区域外，在其他区域的特定时间可以燃放。

2. 设定燃放时间。设定可以燃放的时间为：除夕当天早八点至正月初一子时（一点前）；正月初一至正月初六八时至二十二时；正月十五的八时至二十三时。

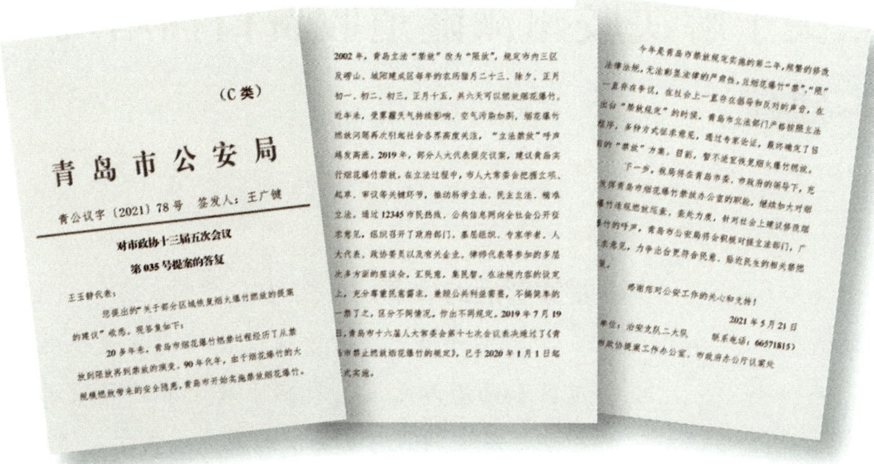

（C类）

青岛市公安局

青公议字〔2021〕78号　签发人：王广键

对市政协十三届五次会议
第035号提案的答复

王玉静代表：

您提出的"关于部分区域恢复烟火爆竹燃放的提案的建议"收悉，现答复如下：

20多年来，青岛市烟花爆竹燃禁过程经历了从禁放到限放再到禁放的演变。90年代年，由于烟花爆竹的大规模燃放带来的安全隐患，青岛市开始实施禁放烟花爆竹。

2002年，青岛立法"禁放"改为"限放"，规定市内三区及崂山、城阳建成区每年的农历腊月二十三、除夕、正月初一、初二、初三、正月十五，共六天可以燃放烟花爆竹。近年来，受雾霾天气持续影响，空气污染加剧，烟花爆竹燃放问题再次引起社会各界高度关注，"立法禁放"呼声越发高涨。2019年，部分人大代表提交议案，建议青岛实行烟花爆竹禁放。在立法过程中，市人大常委会把握立项、起草、审议等关键环节，推动科学立法、民主立法、精准立法。通过12345市民热线、公共信息网向全社会公开征求意见，组织召开了政府部门、基层组织、专家学者、人大代表、政协委员以及有关企业、律师代表等参加的多层次多方面的座谈会，汇民意，集民智。在法规内容的设定上，充分尊重民意需求，兼顾公共利益需要，不搞简单的一禁了之，区分不同情况，作出不同规定。2019年7月19日，青岛市十六届人大常委会第十七次会议表决通过了《青岛市禁止燃放烟花爆竹的规定》，已于2020年1月1日起正式实施。

今年是青岛市禁放规定实施的第二年，频繁的修改法律法规，无法彰显法律的严肃性，且烟花爆竹"禁""限"一直存在争议，在社会上一直存在倡导和反对的声音，在出台"禁放规定"的时候，青岛市立法部门严格按照立法程序，多种方式征求意见，通过专家论证，最终确定了目前的"禁放"方案。目前，暂不适宜恢复烟火爆竹燃放。

下一步，我局将在青岛市委、市政府的领导下，充分发挥青岛市烟花爆竹禁放办公室的职能，继续加大对烟花爆竹违规燃放现象，查处力度，针对社会上建议修改烟花爆竹的呼声，青岛市公安局将会积极对接立法部门，广泛征求意见，力争出台更符合民意、贴近民生的相关禁燃规定。

感谢您对公安工作的关心和支持！

2021年5月21日

（联系单位：治安支队二大队　联系电话：66571815）

抄送：市政协提案工作办公室，市政府办公厅议案处

青岛市公安局答复件

3. 加强违放处理管理：违放者由公安机关责令停止燃放烟花爆竹，对个人处以二百元以上一千元以下罚款，对单位处以五千元以上一万元以下罚款；构成违反治安管理行为的，由公安机关依法给予治安管理处罚；构成犯罪的，依法追究刑事责任。

4. 加强对烟花爆竹销售点的管理。通过规范货源渠道、监管产品质量、限制安全品类、限制销售时间等方式加强销售点管理。避免不合格产品流入市场，避免过度过量燃放。

（2021年）

34. 关于解决胶州湾隧道收费口拥堵现象的建议

提案背后的故事：

因工作原因经常要通过胶州湾隧道往返于青岛市区和西海岸之间，有感于每逢节假日隧道口堵车严重，经过调研写了这条提案。（如今，隧e 通、琴岛通ETC 和交通运输部发行的ETC 已经全面兼容）

近年来，随着通车量的大幅增加，胶州湾隧道口收费处在高峰期、节假日发生拥堵现象已成为常态。据介绍，日通车量激增和隧道内一旦发生事故会实行短暂封闭引起车辆积压是造成高峰时期拥堵的主因，但经过调查，与胶州湾隧道收费处的收费方式设置有直接关系。

1. 收费方式的不兼容，造成车辆通行不畅。胶州湾隧道口收费站现有三种收费方式：人工收费、隧E 通、琴岛通ETC 三种，然而大多数车辆上安装的交通部高速公路ETC 却不能通行。这就使得外地车主未留意车道指示标识，在不知情的情况下走错车道，无法通行后退出该车道会占用大量时间，后边紧随的大量车辆在后退时使通行效率降低，甚至发生刮车纠纷。

2. 琴岛通ETC 频发卡片无法识别的现象，造成已安装琴岛通ETC 的车主到了横杆前无法抬起，只好后退改变车道，造成了随后的车辆拥堵。（据咨询收费处工作人员答复，琴岛通ETC 卡片出现没电的情况，需要通过阳光暴晒方式处理，但有车主反映效果不明显）

3. 有的车主未留意车道指示标识，不遵守交通法规随意变道，也是导致车流不畅的原因之一。

为此建议：

1. 进一步推进琴岛通ETC 和隧e 通车道的升级改造，突破技术障碍，更好地实现隧e 通和琴岛通功能兼容，保证原有隧e 通和琴岛通ETC 的顺利通行；

2. 通过技术升级实现胶州湾隧道隧e 通和琴岛通ETC 与交通运输部发行的ETC 相互兼容，便于外地车主和广大高速公路ETC 客户通行。

3. 建议交警部门加强对胶州湾隧道收费口通行车辆的交通秩序管理，引导教育过往车辆遵守交通规则，规避因交通违法造成的交通拥堵。必要时增设监控探头，避免随意变道、违禁停车等不法行为。

（2021 年）

35. 关于加强青岛零点景区的宣传推介的建议

自1956年起，我国统一使用青岛零点作为各地计算海拔高度的水准零点。青岛建起了“中华人民共和国水准零点”，后来又建成以海拔测绘零点为核心的主题公园，集测绘、航海、海洋文化于一体的新型旅游景区，内设有中国第一个国际游艇帆船产业发展基地、世界最高的“海上妈祖女神”雕塑、世界第一座可机械开合的海上彩虹桥、帆船之都观光塔以及航海科技博物馆等。这样的旅游资源在国内可以说是独一无二的。然而，目前景区的经营状况并不理想，没有成为青岛海洋文化旅游的独特的窗口与名片。

建议政府文旅部门加强青岛零点景区加大科普力度，加强宣传推广，提升零点公园的知名度，使之发挥出独有丰富的海洋科学旅游资源优势。

1. 进一步规划开发海洋文化教育和海洋特色旅游的活动场所，设置科普影视厅、VR体验厅，布展文字、图片、实物，通过声、光、电等设备，全方位、立体化进行海拔基准知识宣传，并在景区提供免费语音讲解，设置科普解说牌。

2. 在零点景区设立青少年科学示范基地，加强其对中小学生海洋知识科普中的教育作用。邀请相关人士与教师学生、旅游从业人员进行零点海洋文化科普教育培训。

（A类）

青岛市文化和旅游局

青文旅议案字（2021）115号　签发人：朱轶一

青岛市文化和旅游局
关于对市政协十三届五次会议
会字第050号提案的回复

王玉静委员：

您“关于加强青岛零点景区的宣传推介的提案”收悉。感谢您对青岛旅游的关心和关注。根据提案建议和工作职责，现答复如下：

正如方案中所述，中国水准零点景区是以海拔测绘零点为核心的主题公园，集测绘、航海、海洋文化于一体的旅游景点，在旅游资源上有其独特性。该景区也一直重视新产品的开发，如奥运会以后，建立了展览馆，设立了有关帆船帆板展出，后期又增添了海洋工程的展展览，更深层地普及海洋知识。但是，由于近几年来，新的更富有时代气息的旅游产品不断涌现，人们对旅游产品的需求也有更高要求，特别是随着网络经济、网红经济的发展，该景区在产品打造和宣传推广上都还存在许多需要改进和提高的地方。您在提案中，提出的建议非常契合当前的旅游市场推广需要，对以后工作有很好的借鉴意义。下一步我们将根据年度工作计划和营销规划，指导景区在加强景区建设的基础，积极适应新形式，针对水准零点景区重点做好以下几个方面的工作。

一、加强景区特色内涵建设。

在持续加强景区服务设施、管理质量、人员素质等方面的建设基础上，积极适应新的形势，做好市场分析，着眼于市场需求，在景区定位、整体体验、品牌打造等方面做好升级提升。一是突出海洋特色。青岛因海而生、向海而兴，海洋旅游是全市旅游独具魅力的重要部分，是国际……

二、加强以新媒体为主渠道的宣传推广。

……我们将指导景区开展好系列性的各类主题活动，如摄影展、文化市集、旅游日、博物馆日等活动，并结合这些活动，做好事前预热、事中造势、事后传播的宣传推广工作，通过持续不断活动和宣传，提高景区人气。

最后，再次感谢您对青岛文化和旅游工作的关心。有了您的支持，青岛的文旅事业一定会发展的越来越好。

青岛市文化和旅游局

2021年5月21日

（联系人：邢慧忠,联系电话:85815120）

青岛市文化和旅游局答复件

3. 深入挖掘海拔零点位置的地理、气象、植物学意义，结合气温、陆地水体等对海平面变化的影响，以及历史沿革、自然科学资源等，丰富零点景区的海洋文化内涵。

4. 组织网络大V、新媒体人士，利用互联网开拓线上科普宣传渠道，建成集网站、微博公众号、微信公众平台、自助讲解小程序、短视频公众号于一体的自媒体系统并投入运行，加强宣传并为观光游客与海洋学爱好者提供便利。

5. 不断提升零点公园的旅游显示度。如开展摄影赛、抖音大赛等广开渠道开展零点公园宣传推介，使海洋文化的知名度和影响力进一步扩大。

（2021年）

二、专注发展多建言，专心为民勤发声

——各类会议发言

1. 关于加快农村电子商务发展的建议

注：

这是2014年小农姑农创园开创时期，在平度参加“关于加快农村电子商务发展”会议上的发言，今天看来当时农村电商发展确属初级阶段，2016年以后是我市推动农村电商高质量发展的重要时期，目前农村电商发展状况已今非昔比，但这篇文章的部分观点和后来农村电商发展的方向有不少切合之处，所以将这篇文章收录于此

下面，我就加快农村电子商务发展问题谈几点认识和建议。

一、目前我市的农村电子商务发展主要存在以下问题：

（一）发展规模小、市场基础薄弱、与江浙电商先行地区相比，缺少示范带动能力强的农村电商龙头企业，众多小微企业和个体工商户陷入低价竞争和独自应对市场风险的局面。如王哥庄大馒头，纯手工制作，品质很好，但缺乏QS质量认证，就难以整合资源集聚发展。

（二）在农村电商的推进发展上，目前主要采取“政府引导、市场运作”的方式，电商培训、平台建设及区域公共品牌的打造与推广主要由企业负责，而相关部门的电商平台、乡镇电商服务网络及物流平台的支持力度明显不够。这就使电商企业缺少积极推进的动力。政府、社会、行业、企业及消费者的联动宣传推广也需要进一步加强。

（三）在农村电商与特色产业融合发展方面，尽管通过市场已激发系列新模式，但“农村电商+旅游”“农村电商+金融”“农村电商+教育”等模式有待深度挖掘推广。如崂山樱桃、后山杏等特色农产品，成熟季节

集中上市，如果上游没对接好就造成供不应求，下游没连接好就可能滞销，有待通过电子商务进一步开发成熟完备的上下游产业链。

二、就加快农村电子商务发展提几点建议

（一）进一步提高认识，要把发展农村电子商务提升到农业创新发展的高度加以推进。以建设农村电商示范镇为依托，加大农村电商扶持力度，围绕各村各镇的优势农品打造电商的“一村一品”拳头产品。

（二）做好顶层设计，打造电商生态体系。利用“互联网+”引导产业融合向纵深推进，引领电商在农村全域推广，既要推进农产品上行，引导合作社、种养大户等经营主体利用网络平台，开展农产品网上产销对接，又要引导开拓农村市场，建立便民电商服务体系。

（三）进一步加大宣传力度，培育扶持农村电商龙头企业，充分发挥农村电子商务示范镇的带动作用，充分整合各种媒体资源，利用各类节庆机会，促进电商媒体深度融合，为农村电商提供全时空、多角度的宣传推广服务。

2. 关于优化营商环境的建议

注：

2017 年参加市政府相关部门组织的“优化营商环境恳谈会”上的发言

党的十九大提出要构建现代化经济体系，率先改革优化营商环境。国际一流的营商是：充满活力、富有效率、更加法治化、国际化、便利化的营商环境，目前在财税、金融、交通、土地等方面确实有很多优化营商环境的改进政策举措。优化营商环境多聚焦在政府行政效率层面。但优化营商环境关键在于营造公平竞争有序的市场经济秩序，即公平竞争机会、公正有效的司法服务保障等。

1. 降低“四项成本”，全力帮助企业降本减负。降低税率成本；降低企业用地成本；降低融资成本；降低制度性交易成本，进一步清理、精简涉企行政审批等事项，清理规范涉企行政事业性收费；降低要素成本，平稳调整最低工资标准，进一步降低企业社保缴费比例。

2. 强化民营经济扶持政策的普惠性。各部门出台各项惠企优惠政策，但优惠政策实施主体与市场主体信息不对称，信息政策解读和落实还需加强，，缺乏集中统一解读，社会和企业的认知程度较低，难以达到预期效果。能否通过某些部门，建立联系民营企业的工作机制，像上海通过完善“企业服务云”，定期梳理发布惠企政策清单，建立民营企业家参与重大涉企政策决策制度等。

3. 营造良好的市场环境与公平有序的市场经济秩序。在市场准入、审批许可、经营运行、招投标、军民融合等方面，为民营企业打造公平竞争环境。比如：鼓励民间资本参与基础设施和公用事业建设；促进国有企业、民营企业合作发展；支持民营企业参与盘活政府性存量资产；我记得看过有的地方发挥政府采购支持作用，市级部门年度采购项目预算总额中，专门面向中小微民营企业的比例不低于30%。

4. 优化营商环境，构建法治化营商环境，关键在于强化现代契约精神。企业端最看重的核心价值是规则意识与契约精神，而当前知识产权侵犯、以及恶意侵权等频发，尤其是在高端制造、智能制造、互联网产业跨界融合发展等新兴领域侵犯知识产权违法现象较为突出，如何加强知识产权保护，惩戒违法违规现象迫在眉睫。

同时，我认为民营企业在优化营商环境，促进民营经济发展中，不是旁观者，而应该是主导者。一说到营商环境，一般认为这是政府的事，而仔细分析目前制约民营经济发展的瓶颈，不难发现，除了政府部门齐抓共管，创造良好的外部环境，企业如何修炼内功，强化自身的发展优势，规避自身的发展不足，把握产业发展方向，提高核心竞争力，也是最终实现民营经济快速发展的重要保障之一。我们对建设国际一流的营商环境充满期待。

（2017 年）

3. 培育壮大农业产业化联合体
推动乡村产业振兴

2019 年6 月5 日，在青岛壮大民营经济攻势作战方案答辩会上，王清宪书记在讲话中指出："鼓励民营企业和行业商协会建设产业园区，积极引进创业孵化平台，以企招企、以商招商，推动产业集群化发展"这段话适用于民营经济的发展，同样也适用于乡村产业振兴战略。建设发展农业产业联合体（园区）是一种将龙头企业、农民合作社、专业大户和家庭农场等类型的经营主体组成纵向产业联盟，以龙头企业为核心、农民合作社为纽带、专业大户和家庭农场为基础，连接广大农户的新型农业组织形态，是一二三产业融合发展的新模式，通过把农产品种植养殖、生产加工、仓储运输、销售服务等产业环节上的利益主体串接起来，延长农业产业链和价值链，推动农业产业集群发展，促进农业增效、农民增收，推动乡村产业振兴。

一、培育壮大农业产业化联合体的意义

1. 培育壮大农业产业化联合体有助于完善现代农业全产业链条，发挥各种类型的农业经营主体的优势。通过联合体可以更好地整合科研技术、种植生产、市场渠道、管理质量等资源，形成有竞争力的完整产业链。

2. 培育壮大农业产业化联合体有助于促进农民增收。农业产业化联合体可以更好地协调农业经营主体与农户的关系，发挥新型农业经营主体的示范带动作用，促进农民增收。

3.通过建设综合实力强、涉及范围广、影响作用大、带动能力强的农业产业联合体可以把不同规模、类型、特色的农业经营主体有机连接起来，保证联合体经营主体效益最大化

二、目前农业产业化发展存在诸多限制要素

1.农业产业化的整体水平低，发展不平衡，产业化经营组织规模小，竞争力弱。目前的农业产业化主要是由产品初级加工向精深加工、由单一产品向系列产品、由内向型向外向型的转变，但没有对农业进行横向、纵向以及深度的扩展。

2.市场主体发育不成熟，实施农业产业化的政策法规不健全。农民分散、单一的生产经营方式限制了产品的交易方式，多呈无组织分散状态进入市场，缺乏市场竞争力和自我保护能力，无法适应开放的市场环境。

3.农业产业化经营观念有待提高。在农业产业化过程中，需要解决创新驱动发展的观念

三、培育壮大农业产业化联合体，推动乡村产业振兴的几点建议

1.做好农业产业化联合体建设规划。各县（市）要根据产业结构和布局，围绕自己的特色主导产业，做好农业产业化联合体的规划建设，以农业产业化联合体为载体，支持核心龙头企业、农业经营主体与广大农户联合、分工协作，打造产业关联度高、功能互补性强的现代农业产业集群。如引领“一镇一特”“一村一品”特色产业，拉长特色经济作物的产业链条，提升乡村经济、农产品的附加值。

2.引导农业产业化联合体走创新驱动发展之路。按照“产业融合发展、产品绿色生态、经济效益良好、辐射效应明显、带动作用较强”的要求，联合育苗栽培、良种培育、种植养殖、生产加工、仓储运输、销售流通等各环节的合作社或农户抱团发展，实现产业资源的优化整合和高效配置。

3. 以市场化的经营理念为主导，以消费者为导向，从产业链源头做起，打造农业科研培育、科技培训、生产加工、仓储运输、大数据营销、商业服务等产业链中心，将园区产值最大化。

4. 创新农业产业化联合体扶持政策，按照培育龙头、壮大基地、打造品牌、带动农户的思路大力培育农业产业化龙头企业。支持那些发展基础好，辐射带动作用大，市场竞争力强的农产品精深加工企业发展壮大。

（2019 年）

4. 深耕农业区域品牌，促进农业产业集群融合发展

目前我市正着力实施农业品牌战略和农品品牌提升行动，进一步叫响“青岛农品”区域公用品牌，提升品牌对乡村振兴的带动力。在《青岛市乡村振兴攻势作战方案（2019—2022年）（汇报稿）》中也明确提出要实施质量品牌提升工程，加大农产品品牌宣传推介力度，打造“青岛农品”区域公用品牌集群。在市农业农村局大力推动下，目前全市农产品领域已拥有13个中国驰名商标、79个山东省著名商标、51个国家农产品地理标志、22个山东省知名品牌、110个市级知名品牌。青岛农品品牌竞争力不断增强，有力促进了农业增效、农民增收和农村经济的发展。但同时，我们也看到农业品牌经济存在以下问题。

一、名特优农品的整体产业化水平低，对促进区域经济的发展作用不强。现有农业品牌多集中在鲜活农产品和初级加工农产品，品牌农品由产品初级加工向精深加工、由单一产品向系列产品、由内向型向外向型转变的不多，在关联产业上进行横向、纵向以及深度的扩展更少。有些区域知名的公用品牌不少，但能对所在镇域、县域的农业经济起到引领拉动作用的有限。

二、品牌农业经营主体单体规模小，实力不强。多数企业仍处于小规模经营阶段，市场覆盖面窄、影响带动力弱、服务功能不强，较大程度上

制约着品牌农业的发展。同时由于农业领域资本青睐程度低，品牌农业难以投入大量资金进行产品研发升级、扩大再生产和产业拓展，难以发挥规模效益。

三、农业品牌的科技含量和附加值不高，关键性农业技术开发应用不足，农业产业链延伸及转化能力不强，缺少对品牌农业发展有实效的科技成果转化，农业科技创新研发与品牌农业生产经营的信息交换、资源共享不足。

四、有的农业品牌所归属的农民合作经济组织、行业协会等机构缺乏对品牌农业建设的整体规划，对农业品牌的认知只是在商标识别功能和市场促销功能的经济价值上，品牌影响力停留在局部地域；有的品牌经营主体重视农业品牌创建，忽视维护和价值深化，缺乏品牌农业可持续经营理念。

建议：深耕区域农业品牌，促进农业产业集群融合发展。即以品牌农品为核心整合经济要素、以品牌农业引领区域农业经济高质量发展。

一、深耕“名优特农品”，细作“农业产业化集群”。充分挖掘、发挥名优特农品的资源优势，把名优特农品的全产业化经营作为主攻方向，构建一二三产业融合发展体系。具体说，就是要拉长区域名优特农品的产业链条，做好品牌农品的产业规划，支持核心龙头企业、农业经营主体与广大农户联合、分工协作，打造产业关联度高、功能互补性强的现代农业产业集群。按照“产业融合发展、产品绿色生态、经济效益良好、辐射效应明显、带动作用较强”的目标，联合育苗栽培、良种培育、种植养殖、生产加工、仓储运输、销售流通等各环节的合作社或农户抱团发展，实现产业资源的优化整合和高效配置。真正做优做强品牌农业，形成现代农业产业集群，激发产业链、价值链的重构，培育乡村产业发展新动能。

二、培育壮大农业品牌经营主体，以推进农业产业化为重点，大力支持、培育生产基础好、辐射带动作用大、市场竞争力强的农业企业发展壮大。以优惠政策鼓励农业企业进入生产、储运、加工、营销各环节，推动农产品初加工转化增值，推动农业品牌延伸；鼓励龙头企业利用品牌资源进行扩张和延伸，建立农产品产业园区和原料基地，提高产业集中度；鼓励农产品加工企业以品牌为纽带进行整合，通过促进要素集聚、服务集约扩大经营规模，实现专业化、标准化生产，推进农业产业集群发展。

三、加大品牌农业科技创新与支持力度。设立相应的创新专项基金，在品牌农业的种植、生产及加工环节形成持续稳定的投入，并通过专项资金引导各类社会投资介入品牌农业发展和相关技术研发中。以技术创新需求为导向，整合农业科研力量，组建品牌农业技术创新联盟，加强产学研联合，开发具有高技术、高附加值的农产品和精深加工产品，延长品牌农业产业链条，促进产业升级，强化科技对品牌价值提升作用，增强农产品品牌的生机和活力。

四、以地理标志、知名农业品牌等名优特农品为支撑，深入挖掘农业品牌文化特征，加强资源整合、强化统一标准标识，不断提升区域公用农产品品牌的知名度、公信力及影响力。即鼓励经营主体依托优势农品自行创建产品品牌，也鼓励经营主体创建以区域公用品牌为母品牌以产品品牌为子品牌的品牌系统建设，实现子品牌产品溢价，带动地方农业企业品牌、产品品牌的迅速成长。

五、创新品牌农业产业集群发展的扶持政策，运用以奖代补、先建后补、财政贴息、信用担保、融资风险补偿、政策性补贴等金融政策，为品牌农业经营主体提供充足资金支持。同时，从金融层面建立金融机构服务品牌农业发展的长效机制，疏通品牌农业低成本融资的通道。

（2019 年）

5. 加强新型村庄群的规划建设，有序推进合村并点工作

建言背景：

博鳌小镇从偏处南海一隅到展现盛世芳华不到二十年的时间，少有厚重的历史与文化，更多的是自然美景。在这儿度假是比较舒适的，既没有三亚、海口那么拥挤喧闹，又有立意世界级城市的大气与便捷！

给我印象最深的是博鳌的乡村公园。说是公园，但与我们印象中的公园不同——水塘、椰树、农舍、槟榔林、怡然自得的鸡犬相映成趣，俨然一幅自然清丽的田园风景画。乡村公园由五个自然村落组成，各具特色，串联起来，就形成了枕水朝烈、听风美雅、觅景岭头、拾巷南强、寻味大路坡五个主题的游览格局。其间处处能感受到田间雅趣与休闲风情，别有一番滋味：朝烈村位于万泉河畔，毗邻亚洲论坛永久会址，是著名的侨乡之一。有着恬静秀美的自然风光和得天独厚的地理位置，老屋、椰林、水田、果木清香都透出秀美乡村的惬意。转弯就可见到静静流淌的万泉河，时有一支支竹筏划过，地道的“枕水人家”；美雅村很小，旅游服务却很完备，美食餐厅、特色民宿、休闲吧等一应俱全。椰林环绕间，便是格调清雅的绿野驿站、水塘咖啡、阿叔农家乐等；顺着石板路往东，就到了最美乡村南强村。乌青色的老屋、百年夫妻银叶树、斑驳古井、青砖古道都有着独特风情，尤

其登到村后岭上观鳌亭，可以将三江入海的大美景致尽收眼底；大路坡村最有特色的是潘氏老宅，有近百年历史，与我们随后去看的蔡家宅一样，展现出由本土渔家文化与下南洋侨村文化相互交融的特色建筑文化。

在美丽的乡村公园漫步，可以尽情体味着恬静闲适的桃源生活，《过故人庄》那首诗格外应景："故人具鸡黍，邀我至田家。绿树村边合，青山郭外斜。开轩面场圃，把酒话桑麻……"

游览博鳌乡村公园后有感。

乡村振兴，规划先行。习近平总书记在实施乡村振兴战略的报告中强调"要遵循乡村发展规律，规划先行，分类推进"。为了更好地适应青岛农村规模小、数量多、密度大的特点，破解村庄规划难题，青岛市改变每个村庄单独编制村庄规划的模式，探索"村庄群"合并规划。即以几个行政村为一组规划若干村庄群，统筹生产生活用地，统筹公共服务和基础设施，实现布设整合化、建设组团化，系统推进新农村的发展。截至去年年底，已完成包括蓝村镇7个"村庄群"、大信镇9个"村庄群"、金口镇23个"村庄群"等700多个村庄的规划设计。加强新型村庄群合并规划，有序推进合村并点工作，将使农村用地调配更加合理，土地使用效能增强，公共服务配套水平提高，基础设施更加完善，从而推动农业生产方式、农村经营方式、农民生活方式的全新改变。

一、新型村庄群的规划建设及合村并点工作中存在的问题

1.房屋问题。"合村"后村民原来自建的房屋和宅基地的补偿问题需要解决，新建楼房虽然比城里便宜很多，但十几万元对于很多农村家庭来说是比较大的负担。

2. 土地问题。合并以后土地资源的经营、原有耕种土地的处置、土地流转后农民个人权益的保障等都是现阶段需要解决的问题。

3. 组织建设问题，合村并点后，原有行政村合并减少，新的村庄群组织架构、管理制度、人员职责分工等需要同步进行。

4. 观念问题，农民故土难离的思想观念根深蒂固，如今大量的农村劳动力流向城市，但也有相当数量孤弱老人并不愿意搬离原地，这就需要做好动员工作，转变农民思想观念与局地意识，取得农民群众的支持理解 。

二、加强新型村庄群的规划建设，有序推进合村并点工作的意义

新型村庄群的规划将使用地调配更加有序，公共服务配套水平更高，合村并点将有力地推动我市乡村城镇化进程。

1. 村庄群统一规划，合村并点建设，有利于提高土地使用效能，促进农业生产方式、经营方式的全新发展。通过集约化、规模化、信息化的现代农业经营方式最大效能地提高土地利用率与产出率。农民也可以通过土地入股形式参与集体经济组织形式中，在确保基础权益的同时参与分红，农民不用自己种地，就带来比自己耕种高得多的收益。

2. 村庄群统一规划，合村并点建设，有利于解决目前空心村、空壳村的问题。因城市化工业化进程中，农村劳动力大量外流以及原有农业经济组织形式活力不足等原因导致了大量空心村、空壳村的出现，统一规划合村并点后，可以将闲置的农村宅基地、房屋、土地综合利用，既能保障农民收益也能提高村集体收益，同时通过农村的各种产业发展，带动产业、生态、人才、组织和文化全面振兴。

3. 村庄群统一规划，合村并点建设，有利于改善农民居住条件，使农民享有更加完善健全的基础设施，促进农民生活方式的改变。随着合村并点建设，统一规划的居住小区配备齐全的幼儿园、学校、医院等，农民的居住环境、教育条件、医疗设施以及文娱条件都将发生很大改观。

4. 村庄群统一规划，合村并点建设，有利于基层组织管理的加强和提升。合村使乡镇对农村的管理更加便捷高效，将推动乡村振兴中的组织振兴。农民集中居住后，也便于集中照顾和管理，很大程度上方便了农村留守老人、儿童的生产、生活。

三、加强新型村庄群的合并规划，有序推进合村并点工作的几点建议

1. 结合青岛的农村产业布局加快推动村庄群规划及合村并点进程。目前青岛仍有约七成的农村未完成村庄群规划，不利于推动实施乡村振兴战略，不利于农业、农村经济的发展。建议要加快明确村庄群编制标准、整体管控原则、发展目标、基本概况、优势特色等，指导编制高质量的村庄发展教科书。以“博鳌乡村公园”为例，就是琼海市在2017年着力打造的一个主题村庄群，将博鳌的5个相邻村落串联起来形成带状公园，五个村庄协同发展集体经济。农民可以以土地、宅基地作价入股，既有土地基本收入，又可享受经营分红，还可以解决劳动就业问题，最大限度上保障农民权益。

2. 科学合理地进行村庄群规划，因地制宜推动合村并点工作。应充分考虑各村的历史渊源、产业布局、发展水平等因素进行科学有序的规划，可采用。

1）“以富带贫”模式，将临近的富强村与薄弱村统一规划，合并管理，一方面增强富强村的带动力与传输作用，一方面要增强薄弱村的自身发展能力；

2）“特色发展”模式，利用相邻村自然风光、古村落、历史沿革等旅游资源，打造特色村庄群；

3）“抱团发展”模式，将地域相近、习俗相近、资源相连的村进行合并，壮大村级集体经济，带动村民增收致富；

4）“强化产业带”模式，充分利用相邻村的产业特色，进一步集聚资源，共享发展，做大做强产业带实力。

3. 深入挖掘整合农村各类产业园、田园综合体等重要项目，依托产业振兴，进行村庄群规划，推进合村并点。按照“产业为基、就业为本”的要求，注重新型农村社区集聚式发展与产业集聚区建设，发挥特色农产品、工业产品、人文与生态旅游资源等优势，通过建设特色农副产品生产加工基地、特色产业园区、特色商业街区、特色景观旅游区等，积极培育农村新型社区产业，引导产业融合发展。

4. 村庄群的合并规划编制，合村并点工作应坚持全市统筹、各级联动原则，立足实际情况合理规划，有序推进。既要结合各村户籍人口、地理位置、土地面积等自然条件，又要考虑产业状况、经济发展、历史沿革等要素，也要充分考虑基层组织设置、班子配备、人员安排等，规划与建设一村一策，不可千村一面。

5. 村庄群的合并规划编制，合村并点工作应同步规范村级组织运行，建立健全村级组织管理，切实做好行政村调整过程中集体资产的处置融合工作。确保村级组织运行制度化、规范化、高效化。

（2019 年）

6. 关于培育龙头企业、引导土地规模化经营的建议

近年来，我市围绕实施乡村振兴战略，以产业兴旺为主线，坚持“扶持农业产业化就是扶持农业、扶持龙头企业就是扶持农民”的观念，大力培育一批农业龙头企业、农民专业合作社和专业大户等现代农业经营主体，农业生产规模化、管理企业化、经营产业化的格局初步显现。目前全市省级以上龙头企业达68 家，市级以上龙头企业共289 家，规模化经营率已达到62.3%。培育龙头企业对提升土地规模化经营，提升农业经济质量，促进农业稳定发展和农民持续增收都发挥了重要作用。

我市农业规模化经营虽然取得了明显成效，农业龙头企业也有较快的发展，但在发展过程中还存在一些矛盾和问题。

一、多数龙头企业综合实力不强，核心竞争力与产业带动力有待提高。有的规模化经营程度不高；有的管理水平比较低；有的产业化层次偏低，与国内外大企业、大集团合资合作的“强龙”“大龙”企业不多，难以融入国际化规模化产业链发展中。

二、龙头企业扩大规模经营的资金压力比较大。因土地、人力、生产资料、季节性集中收购等成本较高，而金融资本市场对农业投资青睐度偏低，资金问题依然是制约龙头企业发展的因素之一。

三、多数龙头企业技术创新投入不足，农业科技成果转化利用的供求

结构性矛盾比较突出。

四、从农业产权组织形式上看，龙头企业与基地、农户的利益联结还不够紧密。多数是农产品合同契约型，甚至只是口头承诺型，而服务型、保护型不多，合作返利型更少，这种暂时的非紧密型连接随时有解体可能。

建议大力培育龙头企业 引导土地规模化经营。

一、对现有龙头企业进行提质升级，建立起外部环境支持体系。

1. 鼓励、支持龙头企业通过土地股份合作、劳务合作等形式扩大基地规模，发展连片种植、规模饲养等，推进企业专业化布局、标准化生产、品牌化建设，实现土地规模化经营，扩大规模效益，提升规模竞争力。

2. 推动农业产业链延伸，实施一二三产业融合发展。推动农业生产、流通、加工、储运、销售等环节的一体化发展，形成前后相连、上下衔接的产业集群，并通过构建农产品物流、信息流、资金流的网络运营体系，实现产业链叠加效益。

3. 搭建政府服务平台，组织各类经营主体，包括龙头企业间的对接活动。依托各自产业链、供应链、关键环节和优势区域，发挥各自产品开发、市场开拓、资金融通、基地建设等优势，靠大联强，实现横向联合、优势互补、互利合作的发展格局。

4. 开展科技创新，引导龙头企业提高核心竞争力。鼓励龙头企业与科研单位之间开展合作，创新研发能力，加快产品升级。并积极开展智能农业服务平台建设，以大数据、云计算、物联网、人工智能在农业领域的融合应用为着力点，坚持试验示范、集成创新和推广应用，加快实现龙头企业经营规模化、生产智能化、管理数据化，提升农业现代化水平。

5. 落实对龙头企业资金扶持、贴息贷款等优惠政策的同时，通过农业投资、土地流转、科技服务、金融支持等配套政策，为资金、管理、技术等现代生产要素下乡开辟渠道。将有关农业农村项目资金捆绑使用，引导和帮助龙头企业增加扩大基地规模中基础设施、检测设备、人员培训等方面的投入。

二、建立新型龙头企业培育机制，扶持小微农业企业做强做大。目前龙头企业多是专业种植、农产品加工企业，数量不少，但对乡镇所起的农户带动力和产业辐射力有限，可重点培育具有科技、市场、管理、人才等优势和良好发展前景的企业、中介组织、经销公司成为龙头企业。借鉴工业企业对小微企业升级为规上企业的做法，积极协调财政、金融、农业、税务、人社等部门，为“入库纳统”的农业企业提供支持和服务，进行政策倾斜，整合资源支持有条件的小微农业企业快速成长为龙头企业，实现高质量发展。

三、加大招商引资力度，推动龙头企业扩大土地规模化经营。一方面，积极引导现有龙头企业与国内外大公司对接，通过资产并购、品牌合作、技术入股、联合开发等方式实现强强联合；另一方面，通过科学的产业规划、农业资源禀赋、惠企政策等吸引其他产业领域企业投入到新型农业综合体、现代农业示范园、现代冷链物流园、现代高端种养业、农产品精深加工等项目中。

四、鼓励、支持龙头企业完善与农户的利益联结机制。在规范订单收购、稳定合同的同时，可通过土地入股、保底分红、村企对接等形式让农民成为现代农业发展的参与者、受益者。在利益连接上建立起风险共担、利益均沾的协同化经济体。用价格调节利益，用法律保障利益、用服务维护利益，促使农民全力支持和参与龙头企业的规模化经营中。

（2019 年）

7. 化危为机，以创新赋能民营经济发展

今年的新冠肺炎疫情给国内经济社会发展带来前所未有的冲击。目前我国疫情防控向好态势进一步巩固，经济社会正在逐步恢复，但全球疫情对我国经济社会发展仍有影响，国内经济仍面临着较大挑战。各类经济主体，尤其是中小民营企业受疫情影响更大，有的产值锐减，有的国际贸易受阻，有的产业链协同不畅，有的面临资金链断裂风险等等，此次疫情已成为中国民营经济结构调整、质级变革中的一次严峻考验。但突发疫情对于经济社会也是风险和机遇并存的，众多经济组织将经历战略性调整，从而走向真正的迭代升级。

同时，当前方兴未艾的互联网、5G、大数据、人工智能等信息技术正在深刻地影响和改变着社会治理、经济发展与大众生活方式。无论是为了应对国内外经济环境的变化，还是现代经济高质量发展的需求，民营经济创新发展势在必行。民营企业唯有顺应时代步伐，加快革新传统产能，改进组织管理，实现新经济产业升级，唯有在政策、市场、模式、技术、应用、组织等方面全面创新，才能应对不利形势与新技术革命的挑战，对冲疫情的负面影响。

唯有——化危为机，以创新赋能民营经济发展。

一、聚焦政策创新，有针对性地因企施策，赋能民营经济发展。目

前已密集出台了财政、税收、金融、社保等一系列扶持措施。在实施现有的惠及民营企业政策的基础上，还需在精准施策方面下功夫，针对不同行业、规模、经营状况的民营企业实行差异化扶持政策，密切关注受疫情冲击严重的餐饮住宿、旅游服务、教育、商贸批零、交通运输、文化娱乐等服务性民营企业，以及因产业链、供应链不畅，消费市场萎缩、进出口锐减等影响正常经营的生产型民营企业的需求，对重点行业、重点企业深入研究，分别施策，避免"一刀切"，积极解决现实困难。同时开展重在人文关怀的暖企行动，如施行民营企业工会互助保险支持，进一步保障民企职工权益与人身健康安全。关注民营企业的信心提振，多措并举，避免中小微企业消退、减产、亏损甚至裁员、破产的发生。

二、聚焦需求创新，通过促进消费、创造有效需求来赋能民营企业发展。扩内需、保增长，把扩大内部需求作为促进经济增长的重要方针，以弥补国际市场需求萎缩造成的缺口。增加有效需求，充分发挥内需特别是消费需求拉动经济增长的主导作用，比如围绕目前市场高度关注的体验式消费领域、节能环保领域、医疗卫生领域、健身康养领域、信息消费领域等新兴消费和重点消费领域，积极推进创新文旅消费、健康养生、信息升级消费、智慧家居生活等行动，培育壮大消费增长新动能。激发市场活力的同时，通过各种渠道和灵活多样的方式，实现各类民营企业融通发展，使有能力、有资质、符合条件的民营企业平等地参与到以上新兴领域、重点消费领域的市场竞争中，促进民营企业的发展。

三、聚焦商业模式创新，赋能民营经济发展。基于新零售模式的社区分销、共享经济、直播经济为民营企业生存和发展提供了新的选择，必将促进传统生产领域、流通商贸领域以及市场服务领域的转型升级。应鼓励、支持围绕电子产品、服装、旅游、农业优品、海产品等优势产业、行业、企业积极发展直播经济；应鼓励、支持民营企业进行直播基础设施建设；可鼓励、支持青岛籍演艺、体育、科技、医疗等各行业中杰出人物利用名人效应，为青岛企业发展直播经济助力代言；鼓励、支持直播电商运营企业的发展，可与新兴、创新型科技企业同等进行奖补，即能推动青岛市直播经济的发展，也可以吸引鼓励年轻人才创业发展。

四、聚焦技术创新，推动民营企业生产技术的迭代升级。利用疫情带来的压力、动力和契机，全面推进“互联网+”，促进数字经济发展，加速企业数字化转型，促进产业结构优化，实现产业升级。尤其在智能家居、轨道交通、生物医药、制造装备等产业基础好、比较优势突出的行业，将智能化、网络化、数字化为特征的新一轮技术革新广泛应用到新经济发展中，如垂直农业、智能流水线、工业机器人、物联网等行业的更新迭代，加大技术研发投入力度，加快科技创新步伐，形成新的、可持续发展的核心竞争力，实现跨越发展。

五、聚焦平台组织创新，通过商协会组织平台资源，赋能民营经济的融合发展。把分散的民营企业和个体从业者组织起来，扩大联合组织规模、提高商协会专业化程度，组织管理，抱团发展，让市场供需实现更加精准的对接，以此来推动民营经济和区域经济发展。通过会议论坛、专题培训、招商对接等搭建有效的技术交流和信息共享平台，并形成商协会组织与政府部门面对面直接沟通、建立常态化联络服务机制，推动商协会组织在创新集聚、协调资源、激发市场活力、赋能经济发展中发挥重要作用。

（2020 年）

8. 找准履职着力点　践行委员新使命

党的十九届五中全会，正逢“两个一百年”奋斗目标的历史交汇点，专题研究“十四五”规划和二〇三五年远景目标，习总书记的报告高瞻远瞩，视野恢宏，影响深远，具有里程碑意义。作为政协委员要认真学习，把思想和行动统一到五中全会精神上来，凝聚贯彻五中全会精神的共识和力量。正如杨军主席在委员履职经验交流会上所讲，“凝聚共识”和政治协商、民主监督、参政议政同样是政协委员的重要职能之一。下面，汇报一下学习的几点浅显认识和心得体会。

首先，坚持党的全面领导，确保党中央决策部署的有效落实，是实现“十四五”规划和二〇三五年远景目标的根本政治保证。回想建党以来取得的历史成就，归根结底是依靠党的领导，在现代历史发展的关键时刻，也都是依靠党的坚强领导而取得胜利的。这次疫情期间亲历的一件小事让我感触很深。今年2 月我从外地回来居家隔离后第一次上街，正逢下雪，街面十铺九空，也没有行人，萧条冷清，在路口处看到了那种用红色帆布搭建的简易帐篷，插着红旗，还有党员先锋岗的牌子，那是排查登记外来人员出入街区，有位女士，应该是社区党员干部，在风雪中站着，太冷时就来回走走，那个场景让人很感动。我在当天朋友圈里写了这几句话“党旗的红是风雪中最亲切、最让人感动、最有活力的颜色。那抹红跳跃在冰雪里，如同一团火，给人以温暖与希望。寒冬将尽，暖春可期。”危难时刻都是广大党员冲锋在前，各级党政机关，包括社区基层工作人员组成的强大的社会治理体系在支撑着社会的正常运行。这次抗击疫情的关键性胜利，充分展现了中国速度、中国效率、中国力量，展现了中国共产党领导下的国家制度和治理体系的显著优势，反观欧美国家在这次疫情防控方面的表现，也突出反映出社会制度和治理体系的差异水平。

“十四五”经济社会发展的主要和远景目标，为今后5年乃至更长时期的社会建设和民生工作指明方向。其中提到2035年要实现的目标——步入“创新型国家前列”，建成文化强国、教育强国、人才强国、体育强国、健康中国，人均国内生产总值达到中等发达国家水平。这是中华民族伟大复兴的蓝图，也是我们14亿国人多少年来的梦想。仅看这20年，从全面建设小康社会到2020年全面建成小康社会，我们国家的经济、政治、文化、社会、生态文明全面发展，取得举世瞩目的成就，这让我们每个国人为之骄傲。而未来15年的规划，从“发展中国家”迈向“中等发达国家”的目标更让我们向往和憧憬。

全会提出了关于经济发展、社会建设和民生工作的十二项重要举措——其中关于农业农村经济的表述是：“优先发展农业农村，全面实施乡村振兴战略，强化以工补农、以城带乡，加快农业农村现代化。”从“实施乡村振兴战略”到“全面实施乡村振兴战略”这个提法的重大变化，标志着乡村振兴进入新阶段，强化了农业经济的发展地位、目标和途径，为促进农业升级、农村进步、农民发展提供了重要遵循。习总书记指出，没有农业农村的现代化，就没有国家的现代化。如果在现代化进程中把农村4亿多人落下，到头来“一边是繁荣的城市、一边是凋敝的农村”，这些年我们城乡发展水平不平衡的矛盾比较突出，现在全会提出“坚持优先发展，全面推进乡村振兴”旨在解决这种矛盾，也是实现现代化远景目标的必然要求，同时全会还强化了“坚持创新在现代化建设全局中的核心地位，要求“完善创新体制机制，推动经济体系优化升级。”上周五，市政府新闻办公室召开发布会介绍《青岛市实施乡村振兴战略“五大突破、十大行动”方案（2020—2022 年）》，提出了要在乡村振兴中走在前列，争当“样板中的样板”。确定实施乡村振兴战略的突破方向，并部署了十大重点行动，用一个文件统筹推动工青妇、教育、国有企业等群团组织和社会力量共同参与乡村振兴，这本身就是一次重大的农业政策创新。在政策创新的同时，建议同步实施农业互联网，创新农业技术升级。青岛作为国家级人工智能创新应用先导区，正在全力推进青岛制造业向智能化迈进。而青岛的农业发展水平、资源禀赋和区位优势，也有利于人工智能技术向农业产业集聚。推进人工智能农业应用、激发智能农业的产业动力是推进农业高质量发展，助力乡村振兴战略的创新发展路径。今年我提出了一条提案《关于加快推进人工智能农业发展的建议》，建议将大数据、人工智能、互联网技术广泛应用到农业领域，以推动智能农业的发展，加速推进农业现代化。

全会为现代化经济建设和社会发展指明道路，也为企业发展指明了方向。企业经营同样要坚持创新发展，提升创新能力，加快企业优化升级。这两年，我们在原有的绿色农副产品的种植、生产加工、商贸流通的基础上，通过农业、互联网配送、餐饮服务等产业融合创新，实现企业创新发展，目前已进入团膳配餐市场，管理理念和经营方式的创新，会进一步推动农业全产业链的纵深发展。

我们将按照市政协的要求，一方面把企业的事情办好，为青岛的经济建设和社会发展添砖加瓦，一方面积极献言献策，认真履行委员职责，为协助推进“十四五”规划落实，为加速2035 年目标实现贡献政协委员的一分力量。

（2020 年）

9. 加快构建社会心理服务体系，推进健康青岛建设

“体之强壮为健，心之安宁为康”，对于个人来讲，身体与心理均保持良好状态才称之为健康。同样，实现全民身心健康是服务全民健康、促进全面小康的基本要求，影响着经济发展和社会和谐。青岛作为首批全国社会心理服务体系建设试点城市，更应积极构建科学、系统、高效的社会心理服务体系，“培育自尊自信、理性平和、积极向上的社会心态”，推进健康青岛、平安青岛的建设。

近年来，我国经济快速发展，社会巨变对国民心理产生了重要影响，在多样化的社会价值观念、复杂的社会关系下出现了诸多社会心理问题，极端情绪引发的事件时有发生；而社会上对心理健康的重要性认识不足，也有歧视心理问题群体的现象；另外，我国心理健康服务起步比较晚，社会心理服务力量不足，心理服务职业资格认定不规范，高等院校心理健康学科建设和学历教育都有待完善，适合我国国情和国民心理状态的本土化社会心理理论、方法和技术等比较缺乏。

因此建议，加快构建社会心理服务体系，推进健康青岛建设。

一、建立社会心理全程服务链，进行系统分析、高效研判与科学干预。逐步建立以健康心理宣传为前端、以社会心理分析与监测预警为中端、以对高危人群精准干预为末端的社会心理健康服务体系。

1. 加强心理健康知识科普宣传，引导全社会科学、理性地认识社会心理问题。营建友好互信的人际关系，引导培养公众积极乐观、健康向上的心理品质。

2. 定期开展社会心理调查、社会心态预测预警，建立社会心理监测和分级干预机制。通过定期研判分析，监测社会心态变化，及时发现社会心理事件的苗头，积极有效干预，用心理学技术加强社会化治理。

3. 对心理精神障碍患者和心理疾患高危人群进行综合管理，通过尽早发现与防治、登记在册、治疗记录、风险评估、救治救助、社会关爱等日常管理，有效开展高危群体心理健康体检与筛查。

二、建立社会心理健康服务网络，构建社会心理服务体系。

1. 建立心理危机干预中心，负责组织群体心理危机管理和个体心理危机干预。通过市级社会心理健康服务中心、镇街心理服务站、社区心理咨询室三级社会心理服务平台，加大心理健康宣传力度，广泛开展社会心理服务。

2. 推进社会心理服务进机关、进企事业单位、进学校、进社区等公众集中区域组织，配备专（兼）职心理服务人员开展社会心理服务。

3. 重点关注心理疾患易发群体的心理疏导与扶助救困，减少社会心理隐患。为空巢、丧偶、失独、留守人群、遭受意外伤害群体、孤儿、残疾人及其家属等提供关爱帮助与心理疏导调适等。

三、建立社会心理服务综合管理机制。将心理服务与矛盾化解相结合，通过明确的、专责的行政体系和责任主体，将各级综治平台与心理服务平台对接，在服务中消除和减少社会心理问题；将心理服务与法律服务相结合，增强法律保护和道德自律；将心理服务与帮扶救助相结合，对精神障碍患者、心理失常群体根据情况给予帮扶救助。

四、建立专业化、规范化的社会心理服务机构，以专业团队来指导、管理社会心理服务。一方面规范心理咨询服务职业队伍，鼓励创办专业社会心理服务机构。另一方面联合高校、医疗机构、心理咨询机构、企事业单位、行业协会等社会力量，建立社会心理服务组织，通过开展社会心理专业培训、公益沙龙、座谈会、社会调查、义务咨询等形式强化心理学认知，提高社会心理服务、危机干预和科学处理复杂社会心态的能力。

（2020 年）

10. 实施村镇闲置用地盘活工程、助力乡村振兴战略

目前广大村镇普遍存在着部分耕地、宅基地、旧厂旧宅等二、三产业用地、旧村镇公共服务场地等宝贵的土地闲置的现象，造成一些土地资源使用低效甚至极大浪费，与此同时，经济发展中所需的建设用地、设施用地等存量供给不足。如果能盘活利用农村闲置耕地、闲置宅基地及二、三产业用地等，将对全面推进乡村振兴战略、改善农村居住环境、发展农村集体经济、增加农民收入等产生重要影响。

建议：实施村镇闲置用地盘活工程，助力乡村振兴战略。

一、加强对村镇闲置的耕地、宅基地、旧厂旧宅等二、三产业用地、停用村镇公共服务场地等闲置土地的建档管理。在全市范围内统计整理闲置土地信息，如闲置耕地的使用人、位置、面积、用途、使用沿革、优势特色，闲置宅基地的建造时间、面积、类型、质量、功能及周边环境等信息进行登记，建立闲置土地信息数据库、闲置宅基地及农房“一户一档”数据库，并分门别类进行管理与再利用。并建立闲置土地信息服务平台，对接市场要素开展闲置用地的合理再利用、招商引资，促进土地要素优化配置。

二、加强对村镇闲置的耕地、宅基地、旧厂旧宅等二三产业用地、停用的村镇公共服务场地等进行合理规划。开展闲置宅基地利用价值调查评

价，编制闲置土地盘活利用规划。通过评估闲置土地资源的数量、类型、空间分布、特色等结合当地村庄规划引领并推进农村闲置土地资源的盘活利用。

三、制定对村镇闲置土地合理再利用的政策依据与提供各种支持。出台地方性闲置宅基地/耕地等土地再利用条例，对盘活利用闲置土地的主体、对象、要素、条件及程序等做出规定，形成规范的盘活利用制度体系，建立较为完善的闲置用地利用机制。如坚持“一户一宅”、农村宅基地集体所有等原则下推进农房确权登记，出台闲置农房重建改建审批政策，为闲置农房再利用提供合法有效的权属保障。再比如借鉴农用地的“三权分置”改革办法，实行宅基地所有权、资格权、使用权的“三权分置”做法，适度放宽宅基地和农房的使用权转移，激活闲置土地的产能，开展闲置土地的商业化运作。

四、多措并举，加强对村镇闲置用地的盘活利用。

1. 加强对农村闲置耕地的盘活再利用。

1）鼓励有耕种意愿的闲置耕地原承包户恢复农业生产，通过帮助其对接技术、市场等资源扶持承包户发展休闲农业、生态农业、创艺农业等现代农业，增加农业生产的附加值，提高农民经营收入和耕种积极性；鼓励没有耕种意愿的农民参与耕地经营权流转，让有经营能力和条件的市场主体经营耕地，使土地资源得到再利用，使农民获得更大收益。

2）引导农民集体经济组织整合耕地资源，调整农业产业结构、建设现代农业产业园、家庭农场等，使之运用先进技术、人才、市场资源开展现代化农业经营，为农业现代化、规模化创造条件。

3）借鉴“强村公司”的做法，通过乡镇政府指导、第三方经营托管的形式组建集体经济管理公司或土地股份公司，并给予政策、项目等支持，依托村域现有资源条件、产业基础对土地进行盘活利用。

2. 加强对农村闲置宅基地的盘活再利用。

1）鼓励有一定经济实力的农村集体经济组织、新型市场主体对闲置宅基地、农宅进行统一盘活利用。支持村民采取自营、出租、入股、合作等多种方式将闲置宅基地用于市场化经营，使农民和农民集体经济组织获得更多股金、分红、经营利润、租金等收入。

2）支持返乡农民工、大学毕业生、退伍军人、本村能人依托自有或租赁闲置住宅发展乡村产业项目。

3）鼓励农村集体经济组织、新型市场主体将退出的农村宅基地用于自办住宿、餐饮、停车场等旅游服务项目，推进乡村休闲旅游等产业发展，用于建设环卫、供水设施、停车场、厕所、垃圾污水处理、养老服务等公共服务设施。

3. 加强对农村闲置二、三产业用地及公共服务用地的盘活再利用。

1）对长期闲置的二、三产业用地、公共服务用地予以公布，引导市场主体通过合作经营、收购并购、新项目引进、流转置换等方式盘活再利用。

2）鼓励、支持原有农民集体经济组织、新型经营主体以闲置二、三产业用地为依托，转型、升级发展农副产品加工、乡村旅游、快递物流、电子商务等新兴产业。

3）清理整顿旧校区、旧市场管理场所、旧道路、旧站场、旧临时建筑等闲置用地，支持引导社会资本对停用的公共服务用地进行再利用，建设公共广场、公园、绿地、运动场所、医疗诊所等服务设施，改善村居环境与村容村貌。

（2020 年）

11. 推动“农业 + 人工智能”，助力乡村振兴战略

青岛市作为国家级人工智能创新应用先导区，正在全力推进青岛制造业向智能化、高端化迈进。而青岛的农业发展水平、资源禀赋和区位优势，也有利于人工智能技术向农业产业集聚。推动“人工智能+ 农业”应用，激发智能农业的产业动力是推进农业高质量发展，助力乡村振兴战略的创新发展路径。

人工智能已经开始应用于农业领域，但是与其在工业制造、金融、医疗、交通等领域相比，在农业上的运用略显初级。主要表现在：农村网络基础设施薄弱，村级信息化服务网络不健全，农业领域的数据获取、生产统计和应用比较困难；高素质的农业管理人才匮乏，缺乏既懂农业又懂人工智能应用的复合型技术指导；人工智能在农业领域应用场景广泛，但智能化农业设备与农业智能科研投入及推广力量不足。

建议：将大数据、人工智能、互联网技术广泛应用到农业领域，推动“农业+ 人工智能”的发展。

一、强化农村网络基础设施建设及智能农业信息服务平台建设。一方面加强农村信息基础设施建设，扩大宽带和移动网络覆盖范围，为智能化农业设施、采集农业大数据提供保障；另一方面构建以大数据技术为基础的农业信息服务平台，及时推送气象数据、市场信息、农业知识、技能培

训等涉农信息，实现精细化耕作和智能化管理。

二、构建农业智能专家系统，运用智能技术为农业生产活动提供科学指导。在农业生产管理上，通过对土地、水源、种子等生产要素进行合理配置，指导帮助农民科学地种植农作物以及管理农田，提高农作物产量及农业生产效率。如利用物联网技术，建立农情长势与病虫害监测、农业灌溉自动化、农机监控调度、农产品质量安全管理与溯源等管理平台，提升农业生产管理水平；在农业经济管理上，以大数据、云计算、物联网、人工智能技术在各领域融合应用为着力点，坚持试验示范、集成创新和推广应用相结合，加快实现生产智能化、管理数据化、经营网络化，全面提升农业智能化水平。

三、拓展人工智能在农业场景关键要素、关键环节的广泛应用。

将人工智能技术广泛引入农业生产作业环节，在农业种植阶段的关键环节实现智能化，如土壤的智能分析与利用、温度的智能控制与管理、水肥的智能化应用与调节、种子的分析与优选、农作物监控与病虫害预防、播种和采摘等农业生产场景中均广泛使用人工智能技术将极大提升生产效率与生产质量。

四、加大"人工智能+农业"的投入，鼓励引导金融和社会资本投入智能农业建设。一方面依托高校、科研机构和大型农企，创建智能农业专业技术人才培训基地，推进专业智能技术人员培训；一方面加大对农业专用芯片、传感器等基础设施以及农业无人机、农业机器人等智能化设备的研发应用支持力度，提升智能农业设备供给能力和质量。

（2020年）

12. 保护传统村落　激发乡村活力

近年来，传统村落的保护和发展问题已成为实现乡村全面振兴的重要课题之一。传统村落不仅是农民栖息生活场所，承载着很多人的乡愁，更传承着具有地域特色的乡土文化。对于传统村落的保护发展，既要保护其珍贵的历史文化遗产，更要解决传统村落的未来发展问题。习总书记指出，新农村建设要遵循乡村发展规律，体现农村特点，注意乡土味道，保留乡村风貌，留得住青山绿水，记得住乡愁。今年中央一号文件更明确提出“要加强村庄风貌引导，保护传统村落、民居和历史文化名村名镇”。近几年我市对传统村落的保护成效显著，但在传统村落的建设发展上仍存在一些问题。

1. 缺乏整体规划，注重传统建筑的修建、复建，而缺乏整体规划及中长期发展设计。

2. 传统村落修建、复建后缺乏专业运营，存在发展方式同质化、乡村旅游低端化、景点运作过度商业化等问题。

3. 忽略传统村落乡土文化的内涵和传统技艺的传承发展，村落文化谱系缺失。

4. 农村基础设施不完善、周边环境整治落后，影响传统村落的发展和乡村风貌的提升。

传统村落的保护发展是一项系统工程，既要注重保护传统村落和乡村特色风貌，更要整体规划、加强基础设施建设、做好人居环境整治，不仅留得住“美丽乡愁”，还要激发乡村发展活力，让传统村落更加美丽宜居。

一、加强传统村落保护发展建设规划，系统设计全面保护。在编制规划时，应尊重乡村实际，遵循本地的资源禀赋和发展潜力，尊重农民生产生活方式和风土人情，因村施策，一村一策，避免千篇一律的生造现象。

1. 强化系统思维，对自然风光、乡土文化、历史底蕴综合分析，挖掘利用传统村落的历史、文化、科学、艺术、社会和经济价值，形成保护与利用双要求，避免大拆大建和破坏性开发建设。

2. 加大保护传统村落的政策支持力度。在能保即保、应保尽保的前提下，修旧如旧，既要坚持乡土个性和地方特色，也要注重时代性和发展趋势，建设时同步改善道路交通、水电设施、通讯网络、环卫医疗等基础设施。

3. 以新业态带动传统村落复兴，实现静态保护向活态传承转变。通过产业融通、文旅结合等业态重构，激发乡村内源发展动力，为传统村落的保护和可持续发展奠定基础。

二、通过传统乡土文化资源市场化和乡村市场供给侧升级，吸引广泛社会资源参与，促进传统村落焕发新的发展活力。

1. 激活传统村落闲置土地、宅基地等宝贵资源，推动城乡资本和人才要素双向流动，互通有无共同发展。

2. 营造具有生机和亲近自然的氛围，把生态农业作为传统村落的发展基础，建立生态循环有机农业，并鼓励支持传统手工业提高乡土文化附加值。

3. 盘活传统村落的景观、历史、文化资源，推行“旅游+”“生态+”等模式发展生态旅游、养生养老、农耕体验、农业创意等产业。

4. 引导传统技艺类产业入驻文化园区、促进传统民俗文化产业发展，推动形成民间专题博物馆和非遗展示中心等多形式保护载体。最近，胶州凭借胶州大秧歌、胶州里岔镇凭借茂腔双双入选“中国民间文化艺术之乡”，作为茂腔发祥地之一的里岔镇大孟慈村，完全可以凭借优秀的传统技艺和这项盛誉进行专题宣传和文化运营。

三、深入挖掘传统村落乡村文化内涵，打造传统村落文化风景线。

传统村落的核心价值在于存续和弘扬农耕文明，在建设发展上应突出村落特色，深入挖掘传统村落文化中蕴含的思想观念、人文精神、道德规范，并结合时代要求继承创新。

1. 注重建筑载体的修建重建，更要重视传统文化的挖掘整理与传承。比如传统村落古建筑上的木雕、砖雕、楹联等文化底蕴深厚，承载着风俗习惯、乡规民约、宗教礼仪、饮食文化、建筑文化等，应深度挖掘其历史沿革与内涵，并讲好传承故事，为传统村落增加乡土文化的神与魂。（8月19日我们政协农业农村委调研了即墨凤凰村，这个村始建于明朝永乐年间，距今已有六百多年历史，2013 年就被列入第二批中国传统村落。当时我们看到一栋古建筑门楣上的一副木雕很精致，像一幅组合字画，但据介绍以前没有考究过。失去历史渊源与文化内涵的建筑仅仅是一处老房屋，应重视深度挖掘、保护与传承才能保留它最大的价值。

2. 注重守护传统村落的文化精神根脉，提振乡村精神。传统村落的宗族传衍、俚语方言、乡约乡规、生产方式等，往往具有独特的精神文化内涵，传续着上百年的家风习教，对当下农村精神文明建设仍具有重要现实意义。

3. 加强展示独具特色的传统村落民俗文化，向社会推广相关内容，使更多的人了解喜爱村落文化，开展特色农品制作体验、演示活动，学习制作各类传统特色制品，宣传传统民俗文化，提高传统村落知名度。如，田横镇当地传统美食有新女婿上门吃的“婿糕”，喜庆日子吃的“烤糖饺”的典故都是比较有趣味的，尤其是烤糖饺，有故事、味道好、炉火烤制便于运输储存，是具有网红特质的民俗小吃，这些都是可以进行宣传推广的。

4. 加大扶持从事民间艺术研究的乡土人才，加强对各级非物质文化遗产代表性传承人的保护，完善活态传承机制。

四、推动传统村落的保护和发展，更要加强基础设施和公共服务设施建设，改善村民居住条件，提高人居环境品质，同时加强乡村振兴人才队伍建设。

1. 适应现代绿色发展要求，以环境友好型农业建设和农村环境整治为重点，加大农村面源污染防治力度，推进传统村落的生态振兴。

2. 持续推进传统村落的农村改厕、生活垃圾和污水治理，加强河道整治，革新乡村生活陋习，加强村庄绿化美化、焕发传统村落的美丽风貌。

3. 加强基层公共文化服务体系建设，充分发挥传统村落文化艺术助力乡村振兴的重要作用。将美丽乡村生态建设与文明建设相结合，实施乡风文明培育。挖掘整理村史、村志、乡规、族训等，将保护文化遗产和传承传统美德要求写入村规民约，以乡村学校、医院、图书馆等建设为契机推动传统村落精神文明建设。

4. 鼓励、吸引乡村能人和外出求学务工人员积极返乡，带头参与传统村落的保护发展，强化利益链接，引导传统村落村民以土地、林地、房屋老宅等入股，推动传统资源变资产、增加产业振兴内生动力。

（2021 年）

13. 加快智慧农业建设，推进现代都市农业快速发展

青岛作为比较发达的沿海中心城市，在农业方面，建议围绕“建设宜居幸福现代化城市”的目标，走发展现代都市农业的新路，尤其是大力发展智慧农业。智慧农业是依托云计算、大数据、互联网等信息技术实现农业经济生产、经营、服务的智能化、现代化。为了推动智慧农业的发展，目前青岛已逐步加强与国际前沿的网络电商服务平台合作，阿里巴巴、京东、谷歌、亚马逊等顶尖电商品牌均已进入青岛。但是，在农业方面与这些电商巨头的合作尚未深入。青岛在农村电子商务体系建设、农产品上行、社区电商、云服务、互联网金融等方面与这些电子信息技术龙头企业都有很大合作空间。为此建议如下。

（1）整合农业信息资源，建设开放共享、数据互联互通的农业信息服务平台，为农村政务、民生、公共服务等领域的数字化服务提供平台支持，为农业企业、合作社、生产者提供数据搜集、信息分析、技术指导、智能控制等服务。

（2）推进农业经营管理网络化。发展农业电子商务、农业物联网“一站式”服务，构建农产品冷链物流、信息流、资金流的网络化运营体系，实现电子结算和价格发布、质量监控、仓储物流智能化，提高农业经济流通效率。

（3）实施一二三产业融合渗透，加速推动农业产业链延伸，通过共建“农业示范项目”、线上特色馆、线下体验馆及农村电商生态中心等项目，可以延长都市现代农业产业链，促进一二三产业深度融合，实现“互联网+农业“的产业提升。

（4）实施“互联网+ 农业”创新创业人才培养计划，构筑“农业电商课程+ 实战模拟”人才培训体系，为农村合作社或农户提供专业培训，带动农民实现种植、生产到销售的现代化与信息化。

（2021 年）

14. 实施乡村建设行动　促进农业农村现代化

党的十九届五中全会提出“优先发展农业农村，全面推进乡村振兴”的构想，并首次提出“实施乡村建设行动”，把乡村建设摆在社会主义现代化建设的重要位置，这既是优先发展农业农村的重要体现，也是全面推进乡村振兴的有效保证。青岛目前已确定“十四五”时期经济社会发展的主要目标是“基本建成开放、现代、活力、时尚的国际大都市”。作为一个城市化、工业化快速推进的沿海开放城市，青岛的农业、农村发展同样应符合现代化国际都市的定位，即构建开放、现代、活力、时尚社会主义新农村的全新局面。

近年来，青岛的“三农”工作取得飞快发展，青岛正围绕打造乡村振兴齐鲁样板先行区，全面发起乡村振兴攻势，但距离全面实现农业现代化的目标仍然存在一定差距，主要表现在如下。

1. 农村经济社会发展不充分，有的地区乡村发展仍然滞后；

2. 城乡基础设施、公共服务水平、人居环境等发展不平衡；

3. 农业供给结构性矛盾、农业质量效益和竞争力不足的问题日益突出。

建议：实施乡村建设行动，促进农业农村现代化，全面推进乡村振兴。

一、实施乡村现代化建设行动，同步推进工业和农业现代化，让城乡发展更加协调，同步迈向现代化。

1.加快推进农业现代化基础设施建设。全面改善乡村基础硬件设施，重点抓好农村水、电、气、路、通信、物流、广电等基础设施建设，为乡村经济数字化升级发展提供有力保证。同时要强化农村网络基础设施建设及智能农业信息服务平台建设。一方面加强农村信息基础设施建设，扩大宽带和移动网络覆盖范围，提升网络速率，为部署智能化农业设施、采集农业大数据提供保障；另一方面构建以大数据技术为基础的农业信息服务平台，充分挖掘农业产业链前端、中端以及末端的数据采集，统筹农田、林地、鱼塘等农业资源，及时推送气象数据、市场信息、农业知识、技能培训等涉农信息，实现精细化耕作和智能化管理。

2.加快建设现代化农业经济体系。积极利用科学管理、产业延伸、商业模式创新等现代要素，推进一二三产业融合发展。深化农业供给侧结构性改革，优化生产结构和区域布局，持续推进质量兴农、绿色兴农、品牌强农，增加绿色优质农品供给。通过现代化农业经济体系的发展，使农民平等参与现代化进程，融入到新产业新业态中，推动农业高质量发展。

3.加快实现农业技术现代化。利用互联网、5G、大数据等信息化手段推进农业智能化建设，提高农业生产技术，实现良种、土壤、气象、水肥等数据资源的共享和精准管理，为农业和农村注入先进的发展动力。运用智能技术为农业生产活动提供科学指导，如利用物联网、卫星遥感等技术，建立农情长势与病虫害监测、农业灌溉自动化、农机监控调度、淡水养殖水质监测、农产品质量安全管理与溯源等管理平台，提升农业生产管理水平；在农业经济管理上，以大数据、云计算、物联网、人工智能技术在各领域融合应用为着力点，坚持试验示范、集成创新和推广应用相结合，加快实现生产智能化、管理数据化、经营网络化，全面提升农业智能化水平，为乡村振兴和农业农村现代化提供新动能。

4.加大“人工智能+农业”的投入，鼓励引导金融和社会资本投入智能农业建设。一方面依托高校、科研机构和大型农企，创建智能农业专业技术人才培训基地，推进专业智能技术人员培训；另一方面加大对农业专用芯片、传感器等基础设施以及农业无人机、农业机器人等智能化设备的研发应用支持力度，提升智能农业设备供给能力和质量。

二、实施开放融合的乡村建设行动，加快构建农业现代化发展格局。形成城乡大市场互补互促的国内大循环，实现资源双向流动，形成城乡良性互动。

通过城乡资源、土地、产品、人才、技术、信息等要素的相互流通，实现城乡市场的交互发展。扩大农业规模化生产、提高产品质量，保障丰富的市场需求与要素供给；深化农村土地制度改革，盘活农村闲置土地、宅基地等资源，推动城乡资本和人才等要素双向流动，互通有无共同发展。健全城乡融合发展机制，促进农业从单一产业向三产融合发展，扩大国民经济循环的格局和体系，畅通城乡联动经济大循环，推动农村经济高质量发展。

三、实施时尚乡村建设行动，实现生态振兴和生态宜居。

1. 适应绿色发展需要，以环境友好型农业建设和农村环境整治为重点，加大农村面源污染防治力度，推进乡村生态振兴。

2. 改善农村人居环境，持续推进农村改厕、生活垃圾和污水治理，加强河道整治，祛除乡村生活陋习，加强村庄绿化美化、提升村容村貌。

3. 将美丽乡村生态建设与文明建设相结合，实施乡风文明培育。以乡村学校、医院、图书馆、超市等建设为契机推动农村精神文明建设。

四、实施活力乡村建设行动，实现公共服务、民生保障、组织建设、人才建设的提质升级。

1. 全面提升农村地区公共服务水平，推进城乡公共服务标准均衡、制度并轨，创新乡村社会治理，完善和提升乡村治理体系和治理能力，把乡镇建成服务于农民的社区中心。

2. 加快补齐农村民生短板，完善社会保障和救助体系，使农民在养老、医疗、教育、住房等方面得到全面保障，满足农民对医疗卫生、社会保障、社区养老等社会性公共服务的需求，实现城乡居民公共服务、生活质量均等化发展。

3. 党建引领美丽乡村建设，加强基层管理组织建设，充实乡村建设干部队伍，提升乡村建设政务管理水平。从政治建设到组织生活，从社会事务到资源整合，从乡风家风建设到文明实践，从经济发展到人居环境，全面提升乡村治理水平。

4. 提高农民的科学文化素质和就业技能，发展农民职业教育，培育新型职业农民；积极吸引大学生返乡、务工人员回乡、本地能人兴乡，回哺家乡建设，为乡村全面振兴注入最具活力的人才人力资源。

（2021 年）

15. 在党史学习中汲取前进的力量

正值中国共产党建党百年之际，在市政协的引领、组织、倡导下深入学习了党史、新中国史、改革开放史、社会主义发展史，通过参加各种形式的学习、阅读政协文化文史办推荐的党史学习书目、参观党史纪念馆，参加红色胶东代言以及红色胶东体悟学习等，深入学习并回溯了中国共产党百年党史，使我们受益匪浅，增强理论水平，提高政治鉴别力，坚定理想信念，明晰政治责任，也加强了认真履职的信心与动力。通过学习，越来越理解了习近平总书记在党史学习教育动员大会上的讲话中强调的“学史明理、学史增信、学史崇德、学史力行”的科学内涵和核心要义。

一、学史明理：通过党史学习，充分认识到中国特色社会主义制度的强大生命力和巨大优越性，“欲知大道，必先为史”。百年党史是中国共产党领导人民进行革命、建设、改革的历史，既是一部艰苦奋斗的斗争史，也是一部理论创新的发展史，还是一部优秀政党的自身建设史。百年来，中国共产党带领中国人民应对各种困难和风险考验，不断披荆斩棘、实现了中华民族从站起来、富起来到强起来的伟大飞跃；百年来，中国共产党从一个由50 多人组成的党发展成为一个由9100 多万党员构成的世界第一大党，这是多么伟大的创举。了解百年历程，更能深刻理解中国共产党为什么“能”、可以深刻领悟“没有中国共产党就没有新中国”“只有社会主义才能救中国”“只有中国特色社会主义才能发展中国”等颠扑不破的真理。

二、学史增信：通过党史学习，更能坚定四个意识，增强“四个自信”。习总书记指出：历史是最好的教科书，也是最好的清醒剂。党的百年历史也正是我们国家从最昏暗时期一步步走向辉煌的历史，了解历史脉络、更能认清历史真实、从内心深处厚植爱国情怀，进一步坚定中国特色社会主义道路自信、理论自信、制度自信、文化自信。

三、学史崇德：通过百年党史学习，可以提高自身的道德修养。一百年来，涌现了无数像李大钊、瞿秋白、方志敏、刘志丹、左权、杨靖宇、赵一曼等为民族独立、人民解放而英勇献身的优秀共产党人，在参观青岛党史纪念馆后，我对邓恩铭、王尽美、李慰农等早期奋战在青岛的共产党人的事迹有了更深的认识，千千万万共产党人为了国家民族前仆后继，他们明大德、严公德，始终坚守为人民谋幸福、为民族谋复兴的初心和使命。今天我们参观了刘谦初红色纪念园，了解英雄的生平经历，回顾他“东莱励志济天下、救国救民求真理、碧血丹心铸忠魂、薪火相传映千秋”主题历程，就进一步了解了红色胶东的革命史发展史。学习党史，了解先进事迹，继承他们的精神遗产有助于更好地锤炼个人品德、培塑爱国大德，践行初心使命的最高标准和行为准则。

四、学史力行：学习的最终目的还是为了学以致用，通过对百年党史的学深悟透，更加坚定理想信仰、将党史学习成果转化为干实事、办实事、干成事的动力，融入到为民服务、履职尽责、担当作为、实干办事中。以实际行动服务社会，回馈社会，塑造良好形象，围绕全市经济社会和行业发展中的热点和难点问题，积极调查研究，主动建言献策、承担社会责任。充分发挥政协委员带动优势，努力在促进创新创造，推动企业转型升级、引导思想舆论、维护社会和谐、促进社会发展等方面发挥作用。

学习历史是为了更好地走向未来，理解历史才能走得更远。通过学习，在百年变化的历史深处理解初心，提起迈进新征程、奋进新时代的精气神，汲取前进的智慧和力量。

（2021 年）

16. 北戴河培训心得体会

很高兴这次有机会参加全国政协第157期委员培训班。虽然在同一城市同为政协委员我们有些人以前都不认识，今天为了共同的目标走到一起，感谢市政协提供的这次学习交流的机会，总结了这几天的学习心得和交流体会，收获非常大，可以说受益匪浅。

首先，我们是五好培训，即：政协文史学委组织的好：每位机关的干部都是尽心尽力、周密安排；课程设置的好：门门精彩，理论性实效性都很强；老师讲的好：既有高度更有深度，让人耳目一新；培训中心管理的好：严格规范，虽然有些不自由，但健康安全得到最大保障；学员们表现好：大家都严格按照守则认真听讲、充分交流、全程参与。

这几天，认真聆听了八位专家学者的讲座，视野开阔，精彩纷呈：王卫星将军的授课使我们清晰了实现中华民族伟大复兴面临的机遇和挑战；原冬平教授使我们了解了新时代人民政协工作的创新发展情况；张敬德教授使我们清晰了好的社情民意信息的标准；杜跃进总裁为我们科普了基础的网络安全知识；贺强教授为我们展现了世界经济形势和我国经济运行情况以及财政货币政策等宏观经济问题；侯欣一教授为我们讲解了十八大以来中国法治建设进程；朱永新教授以自身体会结合大量实例为我们讲授了如何当好政协委员；王新陆教授旁征博引让我们领略了中国传统文化的魅力。

老师们知识渊博，站位高，视野广，既有深厚理论又有人生智慧。使我们收获了知识，更新了观念，开阔了视野，更是一次思想的升华，能力的提升。比如王卫星将军讲授的中华民族伟大复兴理论体系的渊源与发展、日趋复杂的国际政治环境和我们面临机遇和挑战的应对，充满了传统东方智慧："得人心者得天下，对周边国家力服不能久远，心服方为上策"、"多交朋友少树敌，结善缘、布恩信、共患难、同发展，慎武自重，才能赢得周边国家的信赖和尊重"；面对对手要"以柔克刚、刚柔并济、不卑不亢、灵活应对"。要"财大不能气粗，力大不能鲁蛮，被误解不能急躁"，等等这些都充满了东方哲理，让我们在纵观世界风云的同时增长人生智慧。

"大国命定要创造伟大和永恒，同时承担责任与痛苦。伟大与激情来自万里河山，永恒与灵感来自五千年文明，责任与痛苦皆因中国特色。"这段阐述让我油然而生强烈的民族责任感；2049 年全面建成社会主义现代化强国的伟大目标使我们振奋，我们有幸生在一个可以平视世界的时代。

朱永新秘书长的精彩授课使我清晰了如何做政协委员，如何做好一名政协委员，"带着一颗解决问题的心认真撰写提案""准备大会发言贵在参与重在质量""深入调查研究做一名三实委员"等等非常精彩，给我树立了好委员的标杆。"一个代表或委员不称职就意味着67 万人的缺席，一个失语就意味着67 万人的沉默"，当然到了我们市级层面，代表着2 万多人，这些掷地有声的话语很值得我们警醒与借鉴。

通过学习，使我们对习近平新时代中国特色社会主义思想和党的十九大精神有了更为深刻的理解和把握，对当前国际、国内新时代战略格局有了更为详细、全面的认知，对政协委员如何提高履职能力和水平、参政议政与社情民意信息工作有了更加深入的了解和掌握。回去以后将此次培训当作工作的起点，努力成为懂政协、会协商、善议政、守纪律、讲规矩、重品行的优秀政协委员，立足本职工作开拓进取、创新发展，学以致用、学用结合，把培训所学运用到委员工作实践中，为推动青岛经济社会发展作出自己的贡献。

（2021 年）

17. 汇聚政协“商量力”　奏响民主最强音

倾听得真知，商量出共识，倾听与商量本身，就是一个发扬民主、凝聚共识的过程，也是科学分析、民主决策的工作方法，更是一种汇聚全民智慧的力量。正如习总书记所说：“在中国社会主义制度下，有事好商量，众人的事情由众人商量，找到全社会意愿和要求的最大公约数，是人民民主的真谛。”贯彻习总书记重要指示精神，青岛市政协与青岛日报社、青岛市政府办公厅12345 政务服务便民热线联合搭建了全媒体协商平台“倾听与商量”，已成为我市协商民主生动的表现形式，发挥了服务大局、建言资政、协调关系、汇聚力量的重要作用。

自从2020 年10 月推出第一期以“我爱青岛·阳光护苗”为主题的“倾听与商量”，目前已经进行“我心中的青岛‘十四五’”“关注城市安全应急”“关注老城区停车难”“破解科技成果转化难”“保障农产品质量，守护百姓舌尖上的安全”“加强山头公园、口袋公园建设，提升市民宜居幸福指数”等10 期协商活动，即有关乎经济发展的“大事”，也有事关群众和民生的“小事“，在倾听中交流思想、凝聚共识，在商量中汇聚力量、解决问题。以春风化雨、润物无声的方式汇聚全社会的智慧和力量，推动经济社会发展，取得良好的社会效应。

回顾我亲历的第一期《倾听与商量》，切实感受到协商民主的强大力量。

一、“倾听”得真知，用心关注民生与发展，回应社会的普遍关切

2020 年新冠肺炎疫情初期，政协委员们积极响应市政协“战疫情保平安，促发展做贡献”的号台，纷纷捐资捐物，建言献策，助力疫情防控和经济恢复发展。我通过认真考察和调研，了解到个体工商户及小微企业这个群体的经营困境，就通过智慧政协平台提交了《关于扶持个体工商户及小微企业复工复产的建议》，引起市政协的高度重视，第一时间予以督办。提案工作小分队为了掌握全面数据，专门委托“智慧青岛”对一百多家个体工商户进行实地调查，又联合多方力量发起了“我爱青岛.阳光护苗”活动，倡议社会各界为个体工商户纾困解难，号召更广泛的社会力量互帮互助共克时艰，助力个体经济的恢复发展，“倾听与商量”平台启动后的第一期就是围绕“阳光护苗”活动展开。

可以说，这条提案的产生来自于我在一线的“倾听”，提案的办理来自于真实数据的“倾听”，“阳光护苗”活动的推进来自于群众心声的“倾听”，“倾听与商量”平台的搭建更是听民生、聚民智、商良策、解民忧、促发展的直接体现。每一期“倾听与商量”主题的选择都瞄准经济社会所需和广大群众所盼，紧紧围绕党委政府工作重点、群众生产生活难点、社会治理热点与和痛点，有的根据市委、市政府年度重点工作，有的来自市政协各专委会的提案建议，有的根据市12345 政务服务便民热线中遴选的群众普遍关注的问题，把“倾听”的着力点放在社会经济发展的难事和群众关心的民生实事上，积极回应社会的普遍关切。

二、“商量”出共识，汇聚“爱青岛，让青岛更美好”的磅礴力量

用心倾听民声、反映民意、沟通民心，通过倾听、调研发现问题，通过商量、协调解决问题，就能不断提高“倾听与商量”的工作成效。

围绕第一期阳光护苗活动主题的“倾听与商量”，市政协专门组织委员、专家学者和群众代表走进企业、社区、个体工商户经营场所进行实地考察、现场调研，掌握一手资料。2020 年12 月18 日，杨军主席亲自带领

相关部门、各级政协委员和群众代表就疫情之下小微企业和个体工商户生产经营状况开展调研，现场商量，调研结束后，还和大家一起在一家小面馆里自费吃面，听民意、察民情、解民忧，体现了”倾听与商量“平台关注民生与发展的温情。

通过现场、会议、网络、远程商量等形式，让更多市民参与“倾听与商量”活动，畅所欲言，发表意见建议，充分体现了协商民主解决问题的高效性。围绕“阳光护苗行动“，先后开展了广大市民和个体工商户代表广泛参与的调查问卷、政协委员和个体工商户代表及媒体参与的“阳光护苗”推进会、政协委员和专家学者参与的网络直播、以及政协委员和相关工商租户参与的线下督办会等等。同时，通过网络直播、电视新闻播报、平面媒体报导等多种形式联动面向社会广泛宣传，发动各方积极参与，传播共识，使“协商民主”更加充分、理性、务实、包容，更容易达成共识，目标协同了，意见一致了，办法自然就有了。

仍以第一期“我爱青岛·阳光护苗”主题活动为例，市政协组织政协委员、小微企业和个体工商户代表、专家学者和市民营经济发展局相关负责人等围绕疫情冲击下小微企业和个体工商户面临的困境、如何渡过难关等建言献策，并通过“倾听与商量“平台的推动，号召包括政协委员在内的194 位爱心房东为8886 户个体工商户、小微企业减免房租、物业费等各种费用1.67 亿元，营造了全社会关注小微企业和个体工商户应对疫情影响持续发展的良好环境，汇聚起疫情后个体经济全面恢复发展的再生力量。

三、落实成效，实现建言资政和凝聚共识“双向发力”

深入调研、发现问题是首要，协商解决、推进宣传很必要，而抓好落实、确保成效更重要。青岛市政协的智力优势、青岛日报的媒体传播优势、政务服务热线的督办优势相辅相成，环环相扣，使得议题件件有回音、事事有着落。对于那些凝聚着政协委员智慧的意见建议，相关部门积极回应、加速落实，有力地保证了“倾听与商量”平台的实效性。

青岛市中小企业服务机构联合会的批复成立、《工业互联网工程技术人才职称评审实施意见》的发布、AED 设备快速增长400 多台、青岛首批机关事业单位专用停车设施实行错时开放共享、《青岛市山头公园整治工作实施方案》和《青岛市山头公园综合整治方案》相继出台……这些从“倾听与商量”中提出的真知灼见已陆续付诸实施，对青岛市经济建设和社会发展发挥出重要作用。

“积力之所举，则无不胜也；众智之所为，则无不成也。”倾听与商量，可以广纳群言，广集众智，以民意的广度提高决策的准度。在社会各界的广泛关注和大力支持下，“倾听与商量”协商平台必将汇聚起更广泛的“爱青岛，让青岛更美好”的共识与力量，为服务群众、促进发展发挥更大的作用。

（2021 年）

三、不忘初心与使命，代言民意与社情

——发展规划与社情民意

1. 关于里岔黑猪产业化发展的规划建议

一、产业优势论述

1. 里岔黑猪的培育历史长，产地优势强，具备做大做强的基础。

史有“南太湖，北里岔”的说法，是我国唯一、世界第二个有多肋性状的猪种。具有5000年养殖历史，1985年被农业部列为重点推广的优良地方猪种，2000年被列为全省唯一的国家级猪种资源保护品种。

2. 里岔黑猪的品牌在本地及济南、淄博、天津等地区有一定影响，客户满意度较高，具备品牌扩张的市场基础。里岔黑猪曾荣获“青岛市十大名特优农产品”“山东省十大地方畜禽品种名牌”“中国农产品品牌博览会优质农产品金奖”等荣誉称号，地理标志商标，省著名商标，农业品牌研究中心评估品牌价值超过3.4亿元。

3. 里岔黑猪的保种选育核心技术强，产业链条较长，具备接二连三的产业基础。

里岔黑猪保种选育日趋专业。各级财政每年拨付200万元，用于里岔黑猪保种、开发和品牌建设。聘请中国农业大学等13个科研院校专家团队，积极开展里岔黑猪保种选育、新品种研发等建有2处保种场。

4. 原种里岔黑猪具有抗逆性强、适应性强，耐粗饲料，生长发育快，适合规模化养殖的特点。里岔黑猪在胶河流域周边村镇饲养历史长、养殖户经验丰富、散养产业基础比较好。

5. 里岔黑猪具有体长多肋、肉质口感好、鲜美多汁、肉质鲜嫩等特点，被誉为“猪中贵族、肉中极品”，在市场上作为高端猪肉品牌的认知非常明确。

二、产业现状

1. 规模化、产业化程度较低。主要养殖企业规模比较小，实力较弱，出栏数量少，整体产业化水平较低，对当地经济拉动作用有限。

2. 规范化、标准化程度较低，产品同质化差异优势不明显。竞争优势逐渐被其他类似品牌削弱。

注：1）原种黑猪； 2）“发酵床+运动场”生态环保的养殖模式；3）“四统一”和“四定原则”；4）生长期为10个月以上自然生长；5）饲料以玉米、豆饼配以青绿饲料为主，不加任何添加剂。

3. 品牌组织化、延伸作用不强。缺乏品牌建设整体规划，仅用在商标识别和市场促销功能上，忽视维护和价值深化，缺乏品牌农业可持续经营理念。目前品牌力不足，缺乏有力的应用企业。

4. 市场运营推广不足，渠道单一，市场覆盖面窄、市场服务功能不强；仅在小型直营专卖店内以高端冷鲜肉的方式出售。

5. 产品线单一，目前仍未初级加工阶段，品牌科技含量和附加值不高。产品线（品类、包装方式、渠道、服务等）与市场定位不符。

三、品牌发展建议

深耕里岔黑猪品牌，推动农业产业集群融合发展。即以里岔黑猪品牌为核心整合经济要素，以品牌引领区域农业经济高质量发展。

1. 深耕“里岔黑猪”，细作“农业产业化集群”。充分发挥里岔黑猪的品牌优势，把全产业化经营作为主攻方向，构建一二三产业融合发展的平台经济体系。做好里岔黑猪的产业规划，拉长产业链条，全力支持本行业企业联合，支持良种培育、种植养殖、生产加工、仓储运输、销售流通等各环节的经营主体抱团发展，打造产业关联度高、功能互补性强的农业产业集群。

2. 以推进里岔黑猪产业化为重点，培育壮大品牌经营企业。支持、培育经营基础好、辐射带动作用大、市场竞争力强的黑猪企业发展壮大：以优惠政策鼓励农业企业进入生产、储运、加工、营销各环节，推动初加工转化增值；鼓励相关农业企业利用品牌资源进行扩张和延伸，建立农产品产业园区和原料基地；以里岔黑猪为纽带进行整合，通过促进要素集聚、服务集约来扩大经营规模。

3. 加大里岔黑猪农业科技创新与支持力度。引导专项资金进入里岔黑猪品牌发展和相关技术研发中。整合农业科研力量，组建品牌农业技术创新联盟，加强产学研联合，开发具有高技术、高附加值的精深加工产品，强化科技对里岔黑猪品牌价值提升作用。

4. 以地理标志、核心农业品牌为支撑，深入挖掘里岔黑猪品牌文化特征，加强资源整合、强化统一标准标识，进一步提升品牌知名度与影响力。鼓励经营主体创建以区域公用品牌为母品牌、以产品品牌为子品牌的品牌系统建设，实现子品牌产品溢价，带动地方农业品牌经济发展。

企业层面：

1. 在原种保障上，探索引入新基因优化猪种性能。开展新品种选育，加强产学研结合，引进优质猪种实验，选育出肉率高、口感好、抗病能力强、适合规模化养殖的新品种，提升里岔黑猪原种竞争力。

2. 在生产规模上，对接资本市场，解决扩大再生产问题。可积极招引国内大型肉制品企业，促进里岔黑猪品牌和大型企业品牌的强强联合，填补国内高端肉制品空白，扩大品牌影响力与市场份额。

3. 在产品质量上，严把质量关，优化育种、养殖、加工、服务管理。按照规范化、标准化养殖方法，采用饲养管理和过程免疫相结合，规范黑猪各环节的生产经营，实现循环农业和标准化养殖模式。

4. 在产品策略上，丰富产品线，提高产品附加值。如根据市场通路进行产品功能型细分，根据用途细分烧烤专用肉切片、猪排、适宜煎炒烹炸等产品。也可延伸下游产业链条，针对配餐市场开发半成品。

5. 在市场渠道上，解决原有渠道狭窄的问题。积极探索传统社区销售与电商销售相结合的方式，通过生鲜速递增加销售份额与范围。

6. 在管理运营上，积极与专业团队合作，或聘请专业敬业的管理人员，由专业的人做专业的事，对里岔黑猪的产业发展做全面规划与运营。

7. 在品牌开发与延展上，重塑品牌价值体系。加强品牌管理，严把品牌质量标准，完善防伪溯源系统。管理公司授权达到一定标准的企业使用商标，并收取一定费用，所得收入专项用于商标管理、保护、宣传工作。

（注：此建议在“我为胶州献良策”中荣获二等奖）

2. 关于甘薯三产融合示范区的规划建议

2019年6月5日，在青岛壮大民营经济攻势作战方案答辩会上，王清宪书记为民营经济发展支招，鼓励民营企业和行业商协会建设产业园区，积极引进创业孵化平台，以企招企、以商招商，推动产业集群化发展。建设农特产品示范园区，推动农业产业集群发展的模式同样适用于乡村振兴战略。

一、建立甘薯三产融合示范产业园的意义

1. 建立甘薯三产融合示范产业园，以产业平台思维，推动建设规模化、专业化的产业集群，推动优势农品的整体产业链发展，推动乡村产业振兴。

2. 建立甘薯三产融合示范产业园，将大幅度提高单位用地面积与单位资金的平均效能，产生规模集聚效应，实现经济收益最大化。

3. 建立甘薯三产融合示范产业园，能以点带面拉动周边村庄建设，带动农民创业致富，争取社会效益最大化。

二、为什么选择甘薯为三产融合的主题产业

1. 历史渊源

甘薯种植历史。明代，从福建引入中国，胶州是北方最早最大的引种地，种植自然条件优越。（历史渊源适合网红品牌的故事塑造）

2. 自然条件

1）甘薯适合胶州地区种植。甘薯属喜光的短日照作物，性喜温，不耐寒，较耐旱。主要分布在北纬40° 以南。我国是世界上最大的甘薯生产国，甘薯种植面积为7500 万—8000 万亩，占耕地总面积的4.2%，种植面积占世界60% 左右，产量占世界总产80% 左右，胶州的纬度日照条件适宜甘薯生长。

2）甘薯耐瘠薄，对土壤要求不严格。但以土层深厚、疏松、排水良好、含有机质较多、具有一定肥力的壤土或砂壤土为宜。胶东半岛也是甘薯的传统生产区域，而海洋性季风气候下生产的甘薯具有鲜明的特点，就制作的薯干而言，以胶东出产的甘薯为上品。

3. 产业背景

1）胶州市40 万亩低产小麦的种植结构需要调整，西南三镇目前有7 万亩的甘薯种植面积，原有低产小麦的种植区域适合发展甘薯产业化种植。

2）胶州现有优秀甘薯加工企业，具备规模化研发、加工和储存能力，产品市场反应良好。

3）甘薯产业商品形式丰富多样，从基础农产品到薯干、薯片、淀粉、糖浆、色素等多种产品形式，可加工成主食，也可以零食形式呈现，还能加工成饲料、饮料等。淀粉加工型、鲜果食用型、兼用型、菜用型、色素加工型、饮料型、饲料加工型等。随着科学的不断进步，甘薯的很多营养和功能逐渐让人们发现和重视，甘薯已经成为健康食品中网红品种。

三、甘薯三产融合示范园规划思路

（一）初期规划

建设甘薯产业三产融合示范园，整个规划实施建议邀请专业公司参与或者主持规划，委托商业主体主持日常运营。联合农业科技研发、育苗栽培、科技培训、种植、标准化仓储、生产加工、销售、流通等各环节的企业、院所、合作社或农户入驻，抱团发展，现场办公，各渠道无缝对接形成完整流畅的产业流程，实现产业资源的优化整合和高效配置，实现园区产值最大化，并以产业帮扶，资源变资产、资金变股金、农民变股东等形式带动农民增收致富。

（二）长期规划

形成“一个中心、两个园区、三产融合、四面开花”的格局。形成北方主要甘薯生产加工中心、北方甘薯种植加工科研中心、北方甘薯系列商品集散交易中心、山东知名农业旅游目的地、山东省首个著名镇域品牌等具体实施计划。

1. 农业科技研发

1）园区设立甘薯产业技术专家工作站或者实验室，邀请相关院校相关专业专家、学者来园区开设工作站或者实验室，直接和种植者、生产者交流。一是便于发现、解决种植、生产过程中出现的技术难题；二是加速农业科学技术向生产力的转化；三是鼓励科研院校和企业联盟合作，引导农业园区发展科技、创新实践的氛围。

2）与农大、农科院等对接甘薯改良、种块种植、种子种植、绿色仓储、生产加工等技术，建立产学研合作示范模式。比如通过组织薯王争霸赛暨红薯产业发展论坛等形式推动产业吸纳融合与社会影响。

3）适时成立甘薯行业联合协会，增强各产业企业沟通合作，互惠互利。提倡有序竞争，携手共赢，扶持共进，共创辉煌。

2. 栽培种植

1）采用产业园区+ 基地+ 合作社+ 农户的发展模式，建立甘薯育苗示范基地、脱毒甘薯示范基地、甘薯标准储藏库、甘薯标准生产车间。

2）鼓励发展甘薯产业试验田，鼓励科学种植，鼓励科技兴农。致力于产业创新和技术验证，大力开展物联网和农业互联网技术运用。适时大力发展甘薯等特色产业种植企业和合作社，扩大经济作物种植面积，配合产业扩张需求。

3. 生产加工

1）根据现有条件和优势形成以鲜食型甘薯、烤薯、薯干为主的甘薯加工产业。

2）逐步拓宽甘薯产品产业序列，除鲜果、烤制品、薯干等外充分延伸产品线，如面粉、淀粉、粉制品、片、地瓜叶水鲜储存等等。

4. 运营销售

1）组织甘薯产业研讨会、展销会、电商对接会等主题产业展会，加强行业交流、促进信息交互，园区内入驻的甘薯三产及衍生企业可以统一标准、包装、价格、监管，走一体化、品牌化、产品多样化的发展道路。

2）设立园区智力岛，邀请食品行业等相关策划、营销的专家和企业进驻，借助专家的高视角为胶州的产业发展提供及时信息和思路，运用互联网营销、大数据营销及时调整产品方向和营销战略战术保持产业方向和市场同步。

3）以个体品牌拉动产业的方式，选取代表性明星产品，提炼核心爆破点，全力打造四季味道地瓜品牌，打造网红爆品，再以爆品拉动地理品牌。

5. 延伸乡村旅游

1）以种植业、仓储业为产业基础，打造以甘薯生产加工、乡村旅游、甘薯历史与文化展示、农事农耕体验等为重点的农村新型产业模式，后期可以逐步融入科普教育、餐饮、会务等丰富的业态。

2）打造甘薯乐园，塑造地方IP。可考虑在某农业园区或者村等集中管理区域，依照农业+ 工业旅游的方式，打造以甘薯为主题的旅游项目。依托第三产业项目，增加甘薯知识传播、体验活动，增强消费者对甘薯产业的认知（可参考：台湾飞牛牧场、泰国羊羊农场等）。

3）以此园区为龙头，将乡村旅游业形成矩阵合力，可辐射胶东半岛，增强第三产业规模。

（注：此建议在“我为胶州献良策”中荣获三等奖）

3. 关于岞山路上古树影响路面安全的情况

岞山路位于中山公园西侧，是一条比较窄的双车道小路，长约四百米，路的两旁有几十棵树龄很长的古树，不过有四棵树直接“长”在马路上（其中一棵树的树干底部全部在马路上，另外三棵的树干底部一半在马路上一半在人行道上），因为路面很窄，还有几处小弯道，所有经过此处的车辆很容易忽略这几棵“长”在路上的大树。虽然这几棵树的底部用黄黑相间的铁皮遮挡着，能起到一定的提示作用，但仍存在较大的安全隐患。尤其在晚上，这条路光线很暗，路面视线差，交通隐患尤为突出。本地的司机还比较清楚路况，但外地车辆是很难想象到行驶在马路上会突然出现几棵大树，避之不及，很容易出现问题。据说每年都有不小心撞到树的事故，几乎每棵树都被多次撞击过。据了解，当初出于保护古树的目的，这些大树没有被移走，但是“长”在马路上的几棵树确实存在较大的安全隐患。每年旅游旺季，会做出车辆调流，这条路上的行车就比较多，本身路面很窄，仅能容两辆车对行，这几棵树更成为外地来车的安全隐患。

保护古树固然重要，但保障人车的安全更为重要，为此建议尽量做到兼顾：论证移走大树的可能性；对这条路实行单向限行；通过路灯优化夜间路面视线状况。

4. 关于加强对遗弃宠物行为进行管理教育的建议

背后的故事：

一天，见到一条受伤的白色流浪狗正拐着腿在路边蹦跳着，左前脚上还吊着一个五六厘米见方的铁质鼠夹，想帮它去掉枷锁，但流浪狗的警惕性非常强，竟钻到灌木丛里，几天后再次看到它，左脚已残。

近年来，城镇居民家养猫狗等宠物现象比较普遍，随着加强《养犬管理规定》等办法的实行，饲养猫狗等宠物带来的城市环境卫生、动物防疫、扰民伤人等方面问题得到有效解决。但目前仍存在为数不少的流浪猫狗问题，流浪猫狗的产生的主要原因，多是由于人为遗弃、或不慎走失和流浪猫狗的自然繁殖。而人为遗弃是源头。当下网上宠物交易比较随意，有的人因一时兴起养了宠物，新鲜感过后或工作时间不稳定，就把宠物遗弃，而且没有了任何遗弃成本，造成了大量流浪猫狗等问题。

建议有关部门加强对居民遗弃宠物行为的管理教育。

1. 以提高喂养宠物人员的素质、增强其自律意识为重点，广泛深入开展依法文明饲养宠物的宣传。积极协调广播、电视、报刊、网站等媒体加强喂养宠物管理法律法规以及卫生防疫的宣传教育，引导喂养人形成良好的习惯。积极协调居委会、村委会、社区工作人员和志愿者们做好文明喂养上门宣传活动。通过电视、手机APP、发放宣传单等形式，让市民知晓可饲养的宠物范围、条件和要求等，尤其是教育引导市民不要遗弃宠物，增强文明养宠意识。

2. 对网上宠物交易进行有效监管，登记宠物来源、卫生防疫证明、交易去向，通过加强交易源头的管理来避免宠物的随意饲养轻易丢弃的问题。

3. 鼓励动物保护组织、宠物行业协会等社会团体开展公益性宣传培训活动，参与文明喂养宠物的管理工作。

4. 通过建立宠物救助站，进行流浪猫狗等宠物的收容管理，并采取有效措施防止流浪猫狗的过度繁育。

5. 关于加强对“不良网红”管理力度的建议

近几年，随着直播经济的快速兴起，出现了拥有大量粉丝的“网红带货”，随之而来的是直播销售出现的产品质量、流量数据造假、盗版侵权、税务合规、消费者维权等问题，相关部门已采取措施对网红带货进行监管。但是对于很多尚处于积累粉丝阶段、尚未带货的初级网红，有的通过传播庸俗、低俗、媚俗内容、败坏社会风气，损害行业形象，有的甚至抹黑地方形象，以博取关注、吸引流量，造成很坏的社会影响，对广大青少年健康成长造成不利影响的不良网红的监管明显不足。“网红”的名号不应只是在公众面前贴的标签，而应具备基本的社会责任符合公序良俗，绝不能让“网红”把社会价值观带偏，甚至挑战法律法规底线。

但目前不良网红的网上违规成本过低，针对低俗恶俗不良网红，多采取封号处理了事，有的不良网红却换个“马甲”再次出现，危害网络健康秩序。为此建议如下。

1. 加大不良行为网红的严惩力度。构建信息共享的黑名单体系，既永久封停拉黑违规账号，又没收违法所得，甚至永久关闭违规账号的直播网站，避免直播平台成为滋生违法、违规网红的温床。对于严重触及法律法规的行为言论予以行政处罚，对于造谣生事引发舆论焦点，利用公众资源抹黑损害政府形象、对他人实施人身攻击、打击迫害等行为依法追究法律责任。

2. 网络博主采取实名注册认证。严厉查处网络直播人以他人身份注册的行为，严格对照直播人与注册人的身份一致，避免滥用他人身份证信息注册的现象，也避免出现被查处后换个马甲再次兴风作浪的现象。

3. 建立起预先防范机制，提升相关从业人员的素质，建立直播主体资质审查机制或职业主播培训机制。通过加强思想引导，提升短视频经济从业人员的素质与社会担当。

4. 详细列举法律法规禁止直播的相关内容、语言禁忌、行为规范等，提升法律法规的可操作性。

6. 加强网络游戏内容监管的建议

目前我国青少年网民有3 亿多人，其中因游戏而患有网瘾的青少年有近3000 万人，网络成瘾症将成为世界上影响最广、涉及人数最多的流行病症。网络游戏以其浸入式场景、角色分配冒险任务、联机互动与对抗等形式，极大增强了游戏玩家的体验感。即使是成年人深陷其中都难以自拔，作为发育期的青少年，一旦沉迷游戏便极易进行角色代入，在现实中表现出易怒暴躁、叛逆孤僻和社交障碍等精神病征，学习成绩一落千丈，人格呈现出轻度分裂的特点。

很多网络游戏中混有色情、暴力、违法犯罪、性暗示等内容，甚至篡改历史，抹黑正面人物，丑化英雄人物等无良内容，具有极大负面诱导性和成瘾性。

为此建议：尽快将网络游戏纳入精神产品，比照参照电影分级审查的管制方式，对网络游戏按照内容进行分类评估，全面贯彻未成年人保护法对非益智类游戏、付费类游戏以及侵害青少年身心健康的游戏实施内容监管。严禁对十八岁以下未成年人开放访问和注册端口，违者由有关部门给予严厉处罚。

7. 加强对废旧电池处理的建议

随着人们生活水平的提高，电池的消费量日益增加。废旧电池不仅是有害废物而且是危险废物，目前处理废旧电池基本上是混在垃圾中掩埋或堆在露天场地，这将给生态环境带来较大的危害。如何把废旧电池妥善收集并实现再利用是改善城市生态环境的重要课题。为此建议：加强对废旧电池的处理管理。

1. 建议在所有居民住宅区设立废旧电池的回收桶（箱），尽量避免或减少废旧电池随生活垃圾散落到各处。以前有的小区里有专门回收废旧电池的回收箱，或以学校、街道组织的方式收集少量的废旧电池，但现在见的比较少。

2. 建立完善的科学处理废旧电池的市场机制，相关管理部门明确规定生产商和销售商必须回收废旧电池。建立销售数量与废旧电池回收数量成一定比例的制度。同时要加强宣传，使大家认识到随意丢弃废旧电池的危害，销售商在销售电池时采用以旧换新的措施回收废旧电池能够调动消费者对废旧电池合理处理的积极性和主动性，累积到一定数量后妥善贮存和资源化处理。

3. 加大对废旧电池以旧换新等回收制度的宣传，鼓励广大市民加强环保意识，有利于科学、集中妥善地收集废旧电池，避免乱扔废旧电池污染环境。

4. 政府对废旧电池资源化处理给予足够的重视，对废旧电池产业规模的资源化给予政策和经济上的扶植。

8. 关于优化交通信号灯设置的建议

交通信号灯对疏导车流量、畅通道路交通具有重要作用，所以合理设置交通信号灯显得尤为重要。

但在某些交通路段仍存在交通信号灯的周期设置不合理的现象。比如：有的路口人流量较大、车辆密集，而交通信号灯绿灯通行时间较短，有的交通划线没有充分考虑路段交通状况，影响该路段的正常交通秩序，增加额外的交通压力，如以下几处路口。

1. 在延吉路和福州路交界处。延吉路自西向东方向的福州路口设置了右转限制信号，自南向北福州路右转向延吉路已经是绿灯，而从自西向东方延吉路右转向福州路的仍然是红灯，每天早上七点十分就逐渐发生车辆积压现象。建议充分考虑到车辆在路口各方向的通行和滞留时间取消右转红灯限制。

2. 在宁夏路和南京路交界处。上下班高峰期宁夏路上自东向西方向通过南京路口直行的车辆很多，向南京路左转的车辆流量不算很大，但是设置了两个左转车道，造成直行的车辆过度拥堵。建议考虑实际流量，将第二条左转车道增加直行箭头。

诸如此类问题在不同区域均有不同程度的表现。为此建议：相关部门对交通信号灯设置状况进行摸排，对各交通路口尤其是长期拥堵严重的路口，车流量的增减及其他关联道路通行条件改变后的实际运行进行梳理，适时调整路口交通信号灯、交通标志，进一步优化道路交通环境，提高车辆通行率。

9. 关于调整各大银行柜台营业时间的建议

目前市内各大银行的营业时间多是9：00—17：00，与政府机关、行政事业单位上下班时间一致，其中，办理对公业务的窗口营业时间比较短，16：30之后就不再办理对公业务。然而对于绝大多数民营企业和各类非公经济组织来说，上班时间多为8：30—17：30，扣除中午休息时间，工作日去办理对公业务的时间仅为5个小时左右，这就给很多企业办理对公业务和老百姓办理一般储蓄银行业务带来较大不便。为此建议如下。

1. 将银行工作时间与大多数企业办公时间一致。鉴于银行窗口部门工作辛苦，可采用弹性上班时间，进行轮班制，以保障更多民营企业和非公经济组织办理业务。

2. 作为服务行业，银行在周末也应该办理相关的业务。银行业务服务分类也应更加细化，对于办理耗时长、程序复杂的业务最好单开窗口，并安排工作人员进行相应指导。

3. 适当延长工作日里办理对公业务的时间。

10. 关于加强“限塑令”监管范围与力度的建议

自2008年起施行“限塑令”已有13年，超薄塑料袋的生产流通确实有所收敛，大型超市、标准商场都改用了环保的塑料袋，很多消费者也有意识地尽量少用或不用塑料购物袋或改用环保袋。

但是，在农贸市场、临街商铺、街边小贩、乡镇小卖部等场所，超薄塑料袋的使用仍然普遍；随着电商快递外卖等新兴行业兴起，塑料包装的使用出现大幅反弹。甚至在各电商平台，出现大量的价格奇低的超薄塑料袋的销售，而这些塑料袋质量不一，环保达成性不一，未来处理基本是采用填埋和焚烧的方式，都会产生大量的资源消耗。

因此建议：政府职能部门加大对“限塑令”的监管范围与力度。

1. 对推行“限塑令”不力的“重灾区”进行重点关注、重点整治。比如：熟食外卖、餐饮打包、网购塑料品，要求严格执行限塑令。

2. 对菜市场、街边店铺考虑其经营成本及采购便利性，建议统筹设计、统一采购环保型塑料袋。

3. 在大型交易市场，产品集中交易场地张贴“限塑令”，并经常在学校、社区、集市等开展教育宣传，发放环保宣传手册，发放环保购物袋，进行环保专题教育活动，提升市民的环保意识，自觉参与限塑行动中来。

4. 源头上遏制，加强政府监管、职能部门对塑料袋的生产，批发零售消费各环节重点监管，不让违规的非环保产品进入市场。

四、热心公益显担当，家国情怀记心上

——媒体关注选编

1.“新智汇，新力量”访谈录

（主持人柳柽楠）

近年来，互联网浪潮席卷全国，不断催生着经济业态的发展变化。农村网络也逐渐普及，农民开始学会网购，农产品开始在网上销售，“互联网+ 农业”快速地发展着。那么，“互联网+ 农业”接下来的发展趋势会如何呢？今天我们请来了新的社会阶层人士中的优秀代表，青岛市政协委员王玉静，请她来为我们谈谈关于“互联网+ 农业”的话题。

主持人：王总，您好！很多人都知道“小农姑”这个品牌，那么请您帮我们介绍一下“小农姑”好吗？

王玉静：主持人好！听众朋友们，大家好！

“小农姑”农业电商平台创立于2014 年，是以无公害、绿色、有机农副产品的线上线下销售、互联网社群服务、田园生态旅游、自然科学教育为一体的现代农业项目。这个项目前期整合了农副产品女经纪人协会70 多家合作社的农业资源，跨界融合了互联网、生态农业、休闲旅游、亲子自然科学教育、传统商业等行业，实现了传统农业的提质升级。同时，它也是一种线上+ 线下的整合，具体说就是将互联网技术与农业生产、加工、销售等产业链结合，将互联网技术、互联网思维叠加到农业产业链条中：

比如在种植生产上，实现信息化可控管理、远程田间管理；在经营销售上，农产品的网销、电子支付等都是互联网+农业的体现，农业与互联网叠加产生的效能是很大的；在农业跨界融合上，将传统隔离的一二三产业环节打通，形成完备的产业链。

主持人：刚才您说到的农业与其他产业的融合，这也是当前农业创新的体现，那么，你们在实际经营中是否将农业与其他产业、行业跨界融合呢?

王玉静：互联网经济的飞速发展促成了多产业跨界融合的新模式。生产经营方式单一的农业与其他产业跨界融合更能焕发新的发展动力。为了适应“互联网+”的新形势，我们在依托线上社群资源，突破了传统农业的发展思维；线下部分，通过商超进驻、社区供应实现优质农副产品的线下销售；通过对接旅游资源为市民提供田园生态游的综合性服务；通过对接教育资源，提供自然科学教育的综合性服务。这样做，就是将现代农业与其他产业跨界融合的创新体现。

主持人：我们很关心，“互联网+农业”以及农业和其他产业的融合，将给农村发展带来怎样的变化?

王玉静：概括来说，将带来三个改变、四个提升、五个跨越。即：农业经营方式、农村生产方式、农民生活方式的三个改变；互联网基础设施建设、农业产业水平、农民收入、农村文明素质的四个提升；传统农业向互联网农业、实体农业向网络农业、计划农业向订单农业、产品农业向信息农业、传统农业向创新农业的五个跨越。最直观的影响是：农业强了，农村美了，农民富了。

主持人：下面进入我们的“创新商学院”环节，在这个环节里，我们将请王总帮我们解读一下当下的热点社会现象。今天我们关注的是——黄焖鸡米饭在美国开店，售价9.9元。

主持人：王总，您觉得，黄焖鸡米饭何以火遍中国的大街小巷？

王玉静：我印象中黄焖鸡米饭是在2013 年以后火速走红的。它本来是一道鲁菜。但后来就如同一夜春风花千树的感觉，迅速成为了像沙县小吃、兰州拉面一样的国民小吃，我觉得它之所以这么火是有原因的：

价钱合适，15—20 块钱，不算贵；口感不错，鸡肉、香菇、土豆，有饭有菜，荤素搭配，有些正餐的感觉；吃得简便，即吃即走，翻台率高；成本低廉利润可观，和一个店主聊过，好像6 元左右的样子；定位年轻人，大众化、便捷；线上销售也火爆，符合年轻人消费习惯，我家上初中的孩子推荐给我的；加盟门槛较低，迅速扩大规模。这些都是火遍中国的原因吧！

主持人：黄焖鸡米饭漂洋过海真有机会成为中国的麦当劳吗？

王玉静：黄焖鸡米饭因其大众的口味，低廉的价格，（9.9 美元，按照现在6.55 的汇率，也就65 元，在美国中餐里比较低的），火遍全国，现在又漂洋过海，走出国门，首先肯定这是件好事，是中华饮食文化强势发展的体现。但是同样要看到它发展的阻力。

首先，强大的餐饮企业要有标准化统一化的管理。比如像麦当劳，产品质量、点餐流程、服务等都有严格的标准，像薯条炸多少分钟，饮料装杯高度等都要按照标准来，无论店开到哪里，基本不走样。而黄焖鸡加盟门槛很低，学到技术配方，回家便可以自己调制酱料。根本无法保障口味、卖相的统一性连贯性，影响市场美誉度忠诚度，这样发展起来比较麻烦。产品同质化差异小，技术含量不高，如何保证它产品的核心竞争力？

另外，黄焖鸡走出国门，也要符合当地的用餐习惯、文化风俗，消费心理等，即解决入乡随俗的问题。看到报道中说，黄焖鸡在洛杉矶开业时后做市调的，有的评价很高，但差评也很多。比如等待时间过长、服务态度、订餐流程、没有排队标识导致大家在座位上等了四五十分钟……这对于我们国内来说并不稀奇。经常能看到为了等美食排着长队的现象。但在美国，他们对简餐的等候期望时间是不能多于10分钟的；同样，海底捞出国也碰到类似问题。海底捞以服务著称，但就是那种服务员随时关注，紧盯客户的眼神让美国人感到隐私空间受到侵犯……这都是国民小吃走出国门要避免的水土不服的问题。

还有品牌意识。食必思、杨名宇、中腾……品牌很多，但良莠不齐，必然影响它未来推广。

最后，还有个创新发展的要求。美国人对这种一招鲜，连配菜小食都没有的快餐很诧异，是需要做一些适应当地口味的创新发展的，和麦当劳里的老北京鸡肉卷，肯德基早餐里的油条是一样道理。

所以，中国快餐、小吃能否成为美国的国民小吃，不是没有可能的，但是有许多功课要做的。

主持人：开连锁店与外卖，到底哪种经营利润最高？

王玉静：说到这个问题，很多人直觉就是线上销售相比实体店而言，房租、人力成本少，利润会高于实体店。同时，现在生活节奏加快，外卖好像更适合现在的上班族，节省时间，当然也有些是宅男宅女。足不出户，手机点一点便能送到，这样便扩大了客源范围；而实体店除了经营成本、费用高以外，想覆盖到各片区，也是比较有困难的。但是，同时，外卖也有很多外人注意不到的隐形成本，平台费用、营销让利、配送成本、包装辅料等等，比如说付费买流量排位，折扣券等；同时美食的体验需求和聚餐的感受是外卖替代不了的。

所以，开连锁店与发展外卖各有千秋，想要发展的更好，就要保持优势，补充不足，最好是能够综合发展。

主持人：非常感谢王总能来参加我们的节目，为大家专业系统地讲解了关于互联网+ 农业的内容，又为我们解读了大家普遍关心的经济现象，谢谢您！互联网行业快速发展，势必影响到各类经济业态的改变，唯有不断创新才能更好的发展。 今天的节目就到这里，感谢您的收看，我们下期再见！

（青岛广播电台）

2.“创新基层管理机制、提高基层治理能力”访谈录

（主持人董静）

主持人：观众朋友大家好，欢迎收看《委员论坛》。5月16日上午，市政协围绕“创新基层管理机制，提高基层治理能力”主题召开双月协商座谈会。会上，委员们就如何进一步加强青岛基层治理工作、提高基层治理水平积极建言献策，部分市（区）政协委员、民主党派代表建议，要深化街道社区管理体制改革，做好社区治理顶层设计、理顺权责关系，规范农村集体经济组织运行机制等。

主持人：今天演播室我们请来了参加座谈会的徐从德委员和王玉静委员，欢迎你们，非常想听一听您二位是如何为基层呼吁，为基层解决难题的？

徐委员是专注社会工作督导和评估的，那从您的专业视角来看，基层管理和治理能力对我们究竟有多大的影响？

（徐从德委员谈，提高基层治理能力的重大意义）

主持人：您的提案建议是“理顺社区管理体制，增强社区基层治理能力”，既然用到“理顺”这个词，说明目前现状还有一些“不顺”，通过您的调研，您认为堵点在哪儿？这些“不顺”是什么原因造成的？

（徐从德委员谈社区管理等存在的问题，例举实例。）

主持人：在这次双月座谈会上，杨军主席强调，要坚持以党建引领基层治理创新，把党的建设贯穿社会治理的全过程各方面，要拓展“莱西经验”。莱西经验的创新者周明金有这样一句话：“村庄富不富，要看党支部，支部强不强，关键是领头羊。”王委员，我们要向莱西经验学什么呢?

王玉静：说起“莱西经验”，很多人都知道，20 世纪80 年代末，莱西就是农村基层组织建设的典范，所谓莱西经验，就是以加强村级党支部建设为核心的的基层管理经验。它的主要内容是搞好三个配套建设：一是以党支部建设为核心，搞好村级组织配套建设；二是以村民自治为基础，搞好民主政治配套建设；三是以集体经济为依托，搞好社会化服务配套建设。“莱西经验”的实质，就是在党的领导下，把广大农民群众组织起来，走社会主义道路，加快富裕、民主、文明的新农村建设。它强化了党对农村工作的领导，促进了农村稳定和经济发展，给农村带来了生机和活力。

主持人：党的十九大对乡村振兴概括为20 个字：产业兴旺、生态宜居、乡风文明、治理有效、生活富裕。能不能请您谈一谈对乡村振兴这个标准的认识?

王玉静：您刚才说的是党的十九大提出的乡村振兴战略的二十字总体要求。这五个方面是个有机的整体，相互依托又相互促进。乡村振兴战略涵盖了五个方面的振兴：

第一是产业振兴，产业振兴是实现乡村振兴战略的首要与关键。只有做好乡村的产业发展才能真正实现乡村科学、有序、健康的发展。唯有乡村产业兴旺，才能从根本上解决农村的社会问题，走上可持续发展的道路。

第二是生态振兴，实现乡村生态宜居，是我国生态建设的重点，生态环境是宜居的根本，只有生态环境得到改善，人们的生活质量才会得到保障。空气、水源这些都是我们生存的根本。国人都向往绿水青山，安居乐业的理想家园。

第三是文化振兴，我们不仅要建设物质文明丰富的乡村，还要建设精神富足的乡村，传承发展乡村传统文化，培育文明乡风、良好家风、淳朴民风，建设邻里守望、诚信重礼、勤俭节约的文明乡村。

第四是组织振兴，在促进乡村治理方面要建立健全党委领导、政府负责、社会协同、公众参与、法治保障的现代乡村社会治理体制，推动乡村组织建设。

第五是人才振兴，我国农村目前面临着一个突出问题就是农村劳动力外流问题，年轻人都外出打工，村里只留下空巢老人和留守儿童，村子变成“空心村”，农村籍大学生、技术人员往往不会回乡。

可以这么说，产业振兴是核心是重点，人才振兴是支撑，文化振兴是精神基础，生态振兴是基础，组织振兴是保障。

主持人：您在这次双月座谈中谈到要加强新兴村庄群合并规划，有序推进合村并点工作，您说到“有序”，那哪项工作排在首位呢?

王玉静：乡村振兴，规划先行。习总书记在实施乡村振兴战略的报告中强调“要遵循乡村发展规律，规划先行，分类推进”。为了更好地适应青岛农村规模小、数量多、密度大的特点，破解村庄规划难题，青岛市改变每个村庄单独编制村庄规划的模式，探索“村庄群”合并规划。即以几个行政村为一组规划若干村庄群，统筹生产生活用地，统筹公共服务和基础设施，实现布设整合化、建设组团化，系统推进新农村的发展。截至到去年年底，已完成包括蓝村镇7个“村庄群”、大信镇9个“村庄群”、金口镇23个“村庄群”等700多个村庄的规划设计。加强新型村庄群合并规划，有序推进合村并点工作，将使农村用地调配更加合理，土地使用效能增强，公共服务配套水平提高，基础设施更加完善，从而推动农业生产方式、农村经营方式、农民生活方式的全新改变。

主持人：我知道，您今年在胶州里岔镇挂职副镇长，想请您结合乡镇情况，谈一谈在村庄群合并规划建设中，是如何强化基层组织作用的？

王玉静：首先要突出组织引领作用，行政村规模优化调整是在镇党委的领导下开展，深化农村区域化党建共同体建设，充分发挥社区党委的区域领导核心作用，全面落实村党组织对村级各类组织、各项事务的领导权，通过行政村规模调整提升基层党组织的组织力。比如胶州里岔镇率先开展优化行政村规模工作，全镇原有行政村101个，村庄规模总体格局为数量多、规模小、实力弱，且部分村庄居住人口逐年减少，基础设施不完善。结合实际情况，我们新村原则上控制在2000人左右，逐步解决村庄“空心化”、土地经营分散的问题，逐步推进村民集中居住，提升生活质量。实现融合化调整，推动富村带穷村、强村带弱村、大村带小村、特色发展、抱团发展，做大做强“新村”，促进农村发展。

（播放片段）要准确把握形势与任务，增强做好基层治理工作的责任感和使命感。切实把思想和行动统一到党中央和省委、市委决策部署上来，深刻认识抓好基层治理的重要性和紧迫性，在抓基层打基础过程中不断探索基层治理新模式，持续创新基层管理机制，扎实推进基层治理体系建设和治理能力现代化，努力推动我市基层治理工作再上新水平。

主持人：再次感谢徐从德委员和王玉静委员百忙之中来参加我们的节目。我们下期再见！

（青岛电视台）

3.“我爱青岛·阳光护苗”访谈录

（主持人董静）

2020年，突如其来的疫情冲击，使不少个体工商户遭遇了经营“寒流”，随着陆续复工达产，人工成本上升、资金周转困难、市场需求不振等难题困扰着经营者们，他们需要自救，需要迭代和升级，但更需要雪中送炭的人。在4月21日召开的国务院常务会议上，国务院总理李克强说，小微企业和个体工商户是吸纳就业的“主力军”。要抓紧出台更多有针对性的措施，为小微企业和个体工商户特别是服务业小微企业和个体工商户“雪中送炭”，让他们尽可能活下来。如何帮扶个体商户解燃眉之急，迎来“春暖花开”？政协委员们发起“爱青岛·阳光护苗”行动。

主持人：首先感谢王玉静委员和杨亮委员的到来，我们深知这段时间正是你们工作事务最最繁忙的时刻，但今天的话题你们却毫不迟疑地接受并提前赶来参加录制，因为你们不想错过任何为中小微企业、个体商户等呼吁的机会是吗？

王玉静：是的，因为非公经济的恢复发展对我们的意义太大了。大家知道，我国的非公经济具有“五六七八九”的典型特征，即贡献了50%的税收，60%的GDP、70%的技术创新、80%的就业、90%的市场主体数量，我记得我们青岛2019年的数字，对税收、就业的贡献分别是51%和76.8%，而非公经济主体中的个体工商经济对解决就业、民生保障、促进经济发展起到重要作用，同时也是今年受疫情影响最严重的市场主体。青岛现在大大小小的工商户数量是106万户，这106万户意味着什么呢？他们的背后是300多万的城乡人口，有的工商户就是夫妻店，有的是农村进城人员，他们的小店就是全家的收入来源，是生活保障。帮助支持了小微企业和个体工商户，也就间接地为很多家庭纾困解难，所以我们希望通过参加这样的节目助力小微、个体经济的恢复与发展。

主持人：目前青岛市约有150万家的非公经济市场主体，对地方经济发展、市场繁荣稳定以及民计民生保障都发挥着重要作用。疫情对他们的冲击可以说是不言而喻的。您二位看到的疫情期间商户们的生存状态如何？大家面临的突出困难是什么？

（杨亮委员谈疫情后青岛中小微企业受到的冲击和面临的问题）

主持人：为了助力中小微企业和个体工商经济的恢复发展启动的“阳光护苗”活动是源于王玉静委员提出的一条提案，请您帮我们介绍一下具体的情况好吗？

王玉静：好的。今年疫情最紧张时，青岛市政协第一时间下发了关于“战疫情保平安，促发展做贡献”的通知，委员们纷纷行动起来，有的深入一线参与疫情防控，有的捐资捐物，有的通过智慧政协平台建言献策，助力疫情防控与经济恢复。当时我注意到广大工商户受疫情影响严重，有的难以维持、有的转租、有的直接关门，市场比较萧条冷清。当时青岛已经出台了18条惠企政策，比如为租赁国有资产的租户减免房租。但经过调研我发现，很多个体工商户承租的是私人或私企物业，几万元甚至几十万元的房租成本对他们来说压力很大，如果能为他们减免些房租、税费将有助于他们提振经营信心，有助于个体经济的恢复，于是我提出了《关于扶持个体工商户和小微企业复工复产的建议》，这个提案引起市政协的高度重视，第一时间予以督办，在政协的大力推动下，各相关部门积极行动，后来又联合多方力量发起“我爱青岛·阳光护苗”活动，号召各级政协委员和社会力量为个体工商户纾困解难，助力个体经济的恢复发展。这是阳光护苗行动当时的情况。

主持人：阳光护苗活动是要重点解决什么问题？

【短片解说1】12月18日上午，市政协党组书记、主席杨军带领部分政协委员和有关部门负责同志视察“我爱青岛·阳光护苗”行动开展情况。视察组一行先后来到好一家国际家居广场和金茂湾购物中心，实地视察入驻建材装饰市场和购物中心的个体工商户和小微企业，详细了解商户经营和税收、租金减免情况以及存在的困难，并与有关部门一同研究解决办法，对为个体工商户和小微企业伸出援手的企业和社会房东表示感谢。

【短片解说2】“我爱青岛·阳光护苗”行动由市政协提案委员会联合青岛日报社、青岛广播电视台、青岛市私营个体经济协会于今年6月发起倡议的，行动呼吁企业和社会房东在克服疫情带来的困难中伸出援手，为个体工商户和小微企业减免部分房租，帮助他们走出困境。据了解，截至10月底，共有194位爱心房东为8886户个体工商户和小微企业减免房租、物业费等费用1.68亿元，其中市区两级政协委员为租户减免5574.72万元。

主持人：在调研中，市政协主席杨军指出，全市百万户个体工商户和小微企业是促进经济繁荣、吸纳社会就业、方便群众生活、保持社会稳定的重要力量，是城市不可或缺的“青山”。开展“我爱青岛·阳光护苗”行动，就是为了“留得青山，赢得未来”。请问请问两位委员，我们青岛出台了哪些措施，能够真正留得青山的呢？政协委员们又是如何行动的？

（杨亮委员谈出台的优惠政策和具体落实情况，王玉静委员谈委员在行动）

王玉静：我们在初期调研时，和不少商户交流过。记得台东商圈那儿有一对河南许昌来的夫妻，做灌汤包小生意，每月六千多元的房租，三个月几乎没有收入，“今年这个情况也没办法，要是房东能减些房租，我们再熬上几个月，就好了，不行只能回老家了”，后来经过我们协调，房东为他们减免了3个月房租，随着疫情形势的好转，他们的生意基本正常了。实际上他们就代表了我们青岛的烟火气。通过这次“阳光护苗”活动，累计为个体工商户减免房租达到1.67亿元，很多委员参与其中，比如我们杨亮委员，为他们的租户减免房租300多万元；平度政协委员冯霞主动为租户减免7个月房租20多万元等。委员们坚持“专注发展、专心为民、专力履职”的工作理念，用实际行动响应了市委“爱青岛，让青岛更美好”的主题实践号召，展现了政协委员的社会责任与担当。同时，社会的广泛参与，促进了我们青岛的烟火气稳步恢复，彰显了我们青岛的城市温度。

主持人：除了政府的帮扶和雪中送炭的好房东，在今后疫情的常态下，对每一个个体商户来说都是一场严峻的考验，这其中个体商户更需要自救，需要迭代和升级，两位委员有什么好建议吗？让他们赢得未来？

王玉静：今年的疫情对各类经济组织都产生很大影响，尤其对中小微企业和个体工商户来说，更是困难重重。但另一方面，风险和机遇也是并存的，各类企业将经历战略性调整，从而走向真正的迭代升级，个体工商户也同样如此。在常态化疫情防控阶段，产生了新的商业需求，催生了新的经营模式。这就要求工商户在产品改进、服务拓展、模式创新等方面努力尝试，应对新形势的挑战，对冲疫情的负面影响。举个例子——我们现在减少了群聚型餐饮消费，那么分餐式的餐饮模式产生了，有一次我去吃饭的时候还看到餐厅推出例份菜、半份菜，这有利于聚餐安全又经济实惠，也能避免浪费，提升餐饮文明，这就是一种化危为机的创新。可以说从长久来讲，修炼内功、提升产品和服务的竞争力将使个体户的生意更有前途和希望。我们今天共同护佑的小苗很可能在未来长成参天大树。

主持人：再次感谢两位委员在百忙中参与我们的节目。

“留得青山，赢得未来”。2021 年，让我们更加努力！

感谢您的收看，我们下次再见！

（青岛电视台）

4. 夺取双胜利　政协在行动

（主持人董静）

主持人：观众朋友大家好！欢迎收看《委员论坛》。

2020 年春节，一场突如其来、史无前例的新冠肺炎疫情爆发，改变了无数人的生活轨迹，同时也促使我们去思考，思考人生真正的意义……在这场抗击疫情的战役中，我们看见了白衣天使们告别亲人义无反顾，明知前方凶险未卜却在祖国的一声号令下奋力出战，我们看到了“战地玫瑰”“抗疫天使”，他们日夜奋战，有的不幸被病毒感染，有的甚至献出了生命，我们见证了崇高的医者仁心。更加懂得该如何保护他们，关心他们，爱护他们！同时，我们还看到了广大党员干部、公安民警、疾控人员、社区工作人员，还有新闻工作者、志愿者等忠诚履职、夜以继日地奋战，保障了安全，鼓舞了士气、汇聚了力量，凝聚了人心。而在这无数逆行者的群体中，有不少是我们的政协委员。

主持人：今天我们演播室请来了两位在疫情期间表现突出政协委员，王玉静和李振委员。我们知道，两位委员在疫情刚刚爆发，最紧急，病毒最凶险的时刻，都做了一件雪中送炭的大义之举。记得市政协杨军主席曾说过，什么是真正的政协委员，当口罩紧缺的时候，你说需要大量的口罩，这不是政协委员，这叫反映问题，真正的政协委员是，当口罩紧缺的艰难时刻，你有什么办法解决？玉静委员，李振委员在疫情刚刚爆发的时候，为了稀缺的防护用品，你们付出了无法想象的努力。当时王玉静委员原本正在海口陪父母过年，在疫情越来越严峻的时候，您订了两次机票被退票，后来终于初三回青岛大家都想知道当时您为什么着急回来，在家隔离您能干什么？

王玉静：当时考虑要为疫情防控做点事，还要为公司的复工复产提前做准备，所以急着赶回来了。居家隔离的半个月紧张而充实，主要忙着做三件事：当时受井喷式需求和春节期间开工不足的影响，各地的医护物资都严重匮乏。我就广泛发动了各地的朋友，每天不停地打电话、发微信，四处求助，最终在惠州订购了医用手套、鞋套，在日照订购了防护服，直接发往汉阳医院援鄂医疗队；为农村疫情防控，从天津订购了帐篷，但物流停运，就直接派车连夜赶去拉回把帐篷送达胶州里岔镇下属十个村；订购了医用酒精，捐赠给一些社区用于消杀防护。当时青岛市政协利用智慧政协平台，委员们积极地为青岛疫情防控献计献策，我当时也提出了关于推动复工复产、关注疫情期间社会公共心理服务等建议或提案；还有就是召开视频会议，为公司的复工复产做准备。那几天确实挺忙的。

主持人：我们当时看到有关媒体报道您的事迹，也非常感谢您给十个村及时送达的帐篷，能让村民晚上安心值班，紧紧坚守着我们青岛的西大门，这里我们真诚的说一声谢谢！感谢您王玉静委员！

王玉静：我觉得这真不算什么，在这场没有硝烟的战斗中，医护工作者在前线冲锋，党员干部在抗疫一线守护，作为政协委员，应该有这份担当，关键时候更要站出来，为抗疫防控做些工作，这是我们的责任，也是义务。

主持人：李振委员，您的企业是制作防护装备的，在军警领域和国家医疗救援队得到广泛应用。据了解，您的企业可能是青岛最早复工复产的了，大年初一全员集结，为了和疫情赛跑，全天候生产。疫情期间所有成本都提高了，翻了好几倍，工人怎么召集？钱怎么办？

（李振讲述：依靠政协力量，从审批流程到应急贷款，再到开工生产，全力支持扩大防护物资生产，无抵押，无担保，特事特办，市政协常委青岛银行董事长郭少泉的鼎力相助等，略）

主持人：眼下，全国各地的疫情防控仍然不均衡，同时又出现了输入病例。因此，我们仍然不容乐观，预防疫情反扑。请两位委员分别根据所见所闻谈防控中存在的问题？结合实例谈个人看法和建议。

王玉静：我们目前疫情防控可以说取得了阶段性胜利，但远没到高枕无忧的阶段。最近每天都有几十例境外输入病例，还有境外输入关联病例，以及无症状感染者，随着全面复工复产，学生陆续返校开学，我市疫情防控压力加大，我们丝毫不能松懈，外防输入不放松，内防反弹不懈怠。思想上不能松懈，不能怀侥幸心理，不能麻痹大意，行百里半九十，现在是关键时期。对于我们民众来说，同样要“慎终如始”，除了日常工作、和社会必要交往外，我还是建议，我们最好还要做一阵“宅男宅女”，为了自己、家人和他人，减少不必要的群聚性活动，多在家看书学习对健康安全、个人成长也都有好处。

主持人：目前您企业复工的情况如何？复产有没有受到一些影响？

王玉静：我所从事的行业有食品、教育、信息技术等。传统行业受到上下游产业链制约，业务影响比较大。但我们积极应对，进行了调整创新，努力变危为机。为了解决员工无法集中办公的困难，提高线上协同办公效率，我们第一时间引进了“飞书线上办公系统”。比如日常管理中的打卡考勤、工作会议、工作督导、批示回复、总结汇报等都是通过“飞书线上办公系统”实现的。后来直接和北京字节跳动合作，成为山东飞书线上办公系统的核心服务商。针对当下形势，政府部门出台了很多利于企业复工复产的举措，企业自身也要穷则思变，不断创新，积极调整，引入新经济模式，适应当下变局。

主持人：一个月来，我们跟随主席、副主席马不停蹄地奔波于各企业，倾听驻派各个企业的工作队队长汇报情况，真是有一种难以言表的危机感和紧迫感，工作队的成员们也是各有想法，不断创新方法为帮扶企业解决问题，总之，就是全心全意扶助企业把羁绊撤掉，快马加鞭，顺利投入生产。因为复工复产对我们意义太重大了，是吗，玉静委员？

王玉静：是啊，这次为了疫情防控，国家投入大量的人力物力财力，停航、停运、停工、停产，整个社会依然有序运行，生活物品供应充足，显示出我们国家强大的组织力与丰富的物资储备。比如大家去超市买猪肉能看到国家储备猪肉。可以说国家丰富的物质储备是取得阶段性胜利的物质保障。但同时我们要知道，我们是以牺牲了一段时间的经济发展为代价取得了防控成效，保障了我们的生命安全与健康。但经济建设是基础，现在，和老百姓过日子的道理一样，不能坐吃山空。我们拥有14 亿人口的大国，不可能长期“宅”在家里，全面复工复产，开足马力加速发展经济非常重要。复工复产才能稳就业、稳经济、促发展，打赢疫情防控阻击战的前提是物质基础。

主持人：为了支持企业复工复产，政府出台了很多惠企政策，编制了“惠企政策一本通”，要求派驻企业工作队每个联络员负责为企业带出一个人，让企业了解政策，让“一本通”真正做到家喻户晓惠及企业。李振委员，作为企业管理者，您了解一本通吗？

李振委员：这个“惠企政策一本通”是青岛在全力打好疫情防控阻击战的同时，为统筹经济社会发展，密集出台的一系列政策措施，从稳岗就业，财税支持，金融服务等各方面支持企业复工复产，助力企业保经济稳发展的32项政策，派驻到企业的工作队一方面收集问题上报市委市政府，一方面帮助企业解决实际困难，对我们企业复工复产有很大帮助。

（最后两位委员总结了一下，在这种特殊的新常态下，全民防控疫情，复工复产，为相逢于美好的国泰民安努力奋斗的决心）

王玉静：就像毛主席当年在江西取得抗击血吸虫病胜利后写的《送瘟神》诗句里所讲的，“春风杨柳万千条，六亿神州尽舜尧”，我们坚信在党的领导下，在全国人民共同努力下，一定能取得疫情防控和经济社会发展的全面胜利！

主持人：面对当前复杂的国际形势和疫情防控的艰巨任务，我们要树立决胜信心，保持良好定力、结合实际、科学应对。坚信在党中央的坚强领导下，我国的经济向好趋势不会改变，一切困难都是暂时的，我们最终会取得疫情防控和经济发展的“双胜利”！感谢收看委员论坛，我们下次再见！

（《委员论坛》）

5. 企业应做食品安全守护者

文人特质 崇尚传统文化的才女

采访王玉静前，专门翻看了有关她的介绍和她写的文章，不过见到本人时，还是有点意外。眼前的她，淡定从容、温婉清丽，谈吐间尽显优雅大方的知性美。相比成功的企业家来说，她更像是一位研究国学的大学教授。听到我的说法，她笑了，“我比较喜欢中国传统文化，喜欢琴棋书画，但了解很浅”，于是我们的谈话从传统太极文化开始。

“听说您喜欢太极拳，也练习了多年，能谈谈您对太极拳的认识吗？”“我练的是传统杨氏太极拳，它不单纯是一种功法、拳种，而是一种哲拳，融汇了阴阳、五行学说等哲理，体现了矛盾对立统一的哲学观、天人合一的整体观和形神合一的统一观，联系日常生活呢，它就是一种生活态度和行事方式，比如太极拳中的虚实、蓄发、刚柔的矛盾统一。”王玉静微笑着娓娓道来。

绿色情结 促成建立绿色食品企业

“我在杂志上看过您的文章，写的非常好，游记也比较多，您喜欢旅游吗？”

“是的，我很喜爱旅游。我受父亲影响比较大，小时候父亲就常对我们说要读万卷书，行万里路，他已经游遍全国，去过100多个国家了，我还早着呢。旅游确实有助于开阔眼界，开拓思维，有助于人生智慧的积累。走的远了，看的多了，对各种社会现象的判断与把握大有裨益。而且在旅行途中，生活是全新的，充满想象力的，感受到生活的精彩与世界的大美，会令人有忘我的幸福感。我尤其向往大自然，酷爱融于山水之间的那份自在与洒脱，喜爱绿树花草的味道，目前我所从事的绿色食品主业可能潜意识里也源于这份人与自然万物和谐共处的绿色情缘吧。”

于是，我们开始谈起了王玉静的绿色食品行业与田园农业梦想。

不忘初心 做食品安全的守护者

旅游、家电、房地产、建材、软件工程等等，王玉静涉足过的行业不少，很多都做得风生水起，她大学毕业不久就在一家上市集团公司负责驻外市场工作，创下5个月内将当地市场占有率由第四提升到第一的斐然业绩。

当提及为何走上发展健康食品与生态农业的企业道路的时候，王玉静告诉我们“2008年以来的毒牛奶、毒豇豆等食品安全公共事件让我感触很深。我们的生活水平越来越高，可是却生活在对食品安全的担心恐惧中，包括我最亲爱的亲人、朋友们，买肉怕碰到瘦肉精，买米怕买到香精米，吃菜怕有过量农残……我希望亲朋好友以及身边的每个人都能健康幸福，所以我选择了做了食品安全的守护者，直接种植、生产安全食品，直供市民餐桌。”

同时，绿色田园生活也是我所追求的。当构建“健康家园”的社会梦想与追求“和谐人生”的个人梦想统一起来后，我开始以经营的心态来做绿色农业。经过多次考察，我们将有机绿色杂粮基地定在建平县，将绿色有机蔬菜及生态养殖基地建在胶州。粮食基地位于辽西地区，那里日照长，昼夜温差大，拥有独特的褐色土壤，透气性强，微量元素丰富，非常适合杂粮生长。努鲁尔虎山脉下的净水浇灌的杂粮均匀饱满，清香四溢。做绿色有机蔬菜就难得多，在种植、生产、储运、销售的整个产业链条中会遇到各种各样的困难，但当站在田间地垄看着农作物焕发着勃勃生机时，心中涌起的是幸福和希望，能为大众提供真正健康、安全的绿色有机农副食品是我们经营价值所在。

创新发展 推动全国首个女性农业电商垂直平台

这些年，王玉静到各地旅游的脚步没有停过，企业经营中锐意进取创新发展的脚步也没有停下来过。为了适应“互联网+”的经济新形势，发挥绿色农副产品产业联盟的资源整合和电商平台优势，王玉静亲任CEO，开始了小农姑Online and offline（线上+线下）新农业项目的创新，作为全国首个女性农业电商垂直平台，跨界融合了互联网、生态农业、休闲旅游业、亲子培训、传统商业等行业，创新营销模式，反向驱动构建轻资产模式，实现传统农业的转型升级。具体说来，是以无公害、绿色、有机农副产品的电商销售、互联网社群服务与市民生态田园游、自然科学体验教育为核心的现代农业项目。未来的格局是在CTF这个基本模式之上建立一个三维一体的“农业+互联网”范本；建立一个覆盖城市周边生态圈的田园生活服务与生态农业标准的样本；建立多城联动的区域化生态农产品营销平台；将成为输出农业经营模式、生产体系及现代农业技术与思维的农业运营商。

社会责任 投身公益事业传递企业爱心

作为一名优秀的企业家，王玉静除了立足本职工作，努力开拓、积极进取外，还担负着青岛市新联会、青岛市食品工业协会、青岛市女企业家协会等社会组织里的职务。

作为一名青岛市政协委员，她不断加强学习，按照正心、正行、正言的标准自我约束，同时认真地履行委员职责，积极参政议政。在刚结束的第十三届政治协商会议第一次会议期间，她针对目前青岛市户外遇险救援警力不足、专业性不强导致突发险情救援处置效率不高的现状提出了《关于增加政府购买应急救援服务的建议》；为了推动我市农村电子商务水平的发展，实现传统农业的转型升级，促进农村创新创业，促进农民增收致富，她经过认真调查与研究，提出了《关于推进农村电子商务示范村建设的建议》；为了推进、倡导全民阅读，建设书香青岛，她与其他委员联名推出了《关于在全市定期举办读书节活动的建议》。

与此同时，王玉静积极投身公益事业，传递企业爱心。“与土地、农村打交道多了，就会与底层农民结缘，他们在苦难生活中的坚韧与努力是值得尊敬的，我们尽力创造条件，通过农产品线上加线下销售，以及与乡村旅游业的结合，利用田园旅游产业发展助推精准扶贫，从而带动了百十家会员单位及周边村镇的创收致富。同时企业也力所能及地做些扶贫就困的事情，自2013—2016 年，公司已参与资助上百名贫困儿童；2014 起，参与救助白内障患者复明活动；经常参与农村贫困家庭义卖农产品等，组织会员参加春蕾公益活动等，公司也因此成为“微尘公益之星”爱心企业。

和谐、和生、和爱、和赢的“康和”文化已深入企业经营及生活的方方面面。

（“凤凰网”专访 · 2017 年）

6. 不做客人做主人

——专访青岛市委统战部派驻胶州市里岔镇挂职副镇长王玉静

（孙语）

说起挂职锻炼，大家首先想到的往往是党员干部到上下级部门、国有企业挂任职务学习锻炼，民营企业家到政府部门挂职锻炼，这还是新鲜事！2018年底，胶州市里岔镇就迎来了一位挂职锻炼的优秀企业家担任副镇长。王玉静，是由青岛市委统战部通过严把人选关口选派的政治素质过硬、懂经济、能力强、企业对经济社会发展贡献较大、社会形象良好的第二批到胶州挂职的新阶层代表人士之一。

作为优秀的政协委员，她关注民生、关注经济发展，认真履职尽责、建言献策，努力做到委员履职与岗位建功相促进，同发展；作为优秀的民营企业家，她经营着康和食品、小农姑生态农业、旭日升教育等产业，曾推动建设了国内最早的女性垂直农业电商平台，最早将现代农业与互联网商业、旅游、亲子教育实现跨界产业融合。

如今来到政府上班，她是如何完美地实现“王董”到“王镇长”的角色转换呢？

她始终秉持“做主人，不做客人，更不当局外人”的理念，在企业家和副镇长的身份交融之间，在经营管理企业和参与政府事务的思想碰撞之下，坚持挂实职、干实事、出实效，为里岔、为胶州、为青岛的发展贡献着自己的力量。

做“里岔人”，不做“过路人”——主动融入里岔发展大局。从到里岔镇的第一天起，王玉静就将自己定位成了“里岔的新人”，严格执行“里岔作息”，以全天候待命的状态主动融入到里岔镇大小事务中，到村庄、到企业，理思路、谋点子，过得紧张而充实。经过充分的调研，结合自身丰富的企业管理经验和经济规划能力，她主动“要活儿干”——深度参与全镇的“双招双引”工作，协助分管经济贸易、信息化、商务、招商引资等工作，参与重点项目汇报论证、四大发展组团调研、安全生产管理等工作，也积极利用人脉资源组织投资考察，邀请了中国海洋大学企业家协会、新阶层代表人士、上海电商协会等到里岔镇实地考察投资环境与在建项目，并将里岔的黑猪肉、大白菜、马铃薯、甘薯等“黑白黄红”特色农产品列入了青岛正鲜供应链采购名录……

作为政协委员，她也将“五进五送”行动融入日常工作中，先后走进谭家庄、安家沟、良乡、大河流、大朱戈等村庄、社区、企业、学校送才智、送健康、送爱心等。曾走访了多家贫困家庭，并给予资金援助，还专门联系青岛企业教练俱乐部、狮子会暖阳服务队等公益组织为当地的特困家庭提供救助，送温暖、送爱心。

做“学生”，不做“老师”——以谦虚低调的心态工作着。

“从她日常工作中，看不出来她是成功的企业家，就是我们基层的一位领导”，这是镇办同志们的一致感觉。

“在工作中学、在文件中学、在会议中学、在企业乡村里学、在与领导同事交流中学、在书本中学”这是她刚来到镇上总结出来的“六处学习法”，通过学习相关政策文件，并积极与领导和同事交流，她很快掌握了镇上的经济发展、社会事务基本情况。“我很庆幸适逢里岔镇快速发展的好时机，镇党委政府务实高效、创新图强的工作风气对我触动很大。”“通过挂职锻炼，我觉得思想政治素质和组织协调能力都有了一定提升，对政府组织运作、中心工作、社会事务管理等有了深刻的认识和理解。”她说，企业的经营管理与政府的组织运作有差异，可以借鉴学习，比如通过抓好党建带动团队建设等，经营企业一定要掌握各种政策法规，提升依法依规办事水平，增强与政府部门的沟通协调能力。

做“代言人”，不做“旁观者”——随时随地为里岔发声

在走进里岔37个条件各异、大小不一的村庄，走进十多家或传统或新兴的行业企业后，她深刻感受到里岔镇党委、政府开展的合村并点、村集体增收等工作正是恰逢其时，因此她最早开始关注的课题就是加强村庄群的整体规划，推动合村并点工作，从此，她“凡会必提里岔”，无论在青岛市政协重要会议上，还是青岛电视台委员论坛、以及青岛广播电视台、凤凰网等多家媒体采访中，都积极热情地为里岔的跨越发展点赞，为里岔的创新工作宣传，让里岔的“吸睛指数”逐日递增。2019年以来，里岔镇的合村并居相关做法被《大众内参》《党员干部之友》《青岛政务信息》《青岛日报》等刊发推广，村集体增收相关做法被《新华社》《青岛信息》《青岛农业农村工作动态》等刊发推广，并得到青岛市政府副市长朱培吉的肯定批示。

做“参谋员”，不做“观察员”——充分发挥建言献策作用

王玉静充分发挥自身眼界开阔、联系广泛、熟悉产业政策、管理经验丰富等优势，积极为推动里岔镇乃至胶州市、青岛市的经济民生发展提出自己的意见建议。到里岔后，她从自身专业出发，深入调研了春天味道、里岔黑猪、胶州大白菜研究基地等，与企业一同研究确定镇域三产融合综合体的实施路径，全力推动里岔镇品牌农业推广与三产融合示范区的建设发展。同时，她对标先进经验并结合实际，提出了《加强村庄群规划，推进合村并点工作的建议》《培育壮大农业产业化联合体，推动乡村产业振兴》《深耕农业区域品牌，促进农业产业集群融合发展》《关于加强村庄群合并规划的建议》等高质量、可推广的调研报告，均作为青岛市政协相关会议中的汇报资料，提供重要参考。

说起这位挂职镇长，镇上的领导们都赞叹不已：“不愧是优秀企业家，她的经营管理能力和市场经验能为政府工作带来很大帮助”“我们政府内需要像她这种敬业专业型管理人才。”“王镇长协助洽谈商务的时候，从企业管理者的视角，提供全新的共赢思路，让我们与企业对接更高效。”

一年的挂职时间不长，但她说已经喜欢上“和美里岔”的山、水、人。“进了里岔门，就是一家人。作为里岔的副镇长有结束的期限，但作为里岔人却是永久的情感。”接下来，我会继续深入到没走过的村庄，没走进的企业，没完成的工作中，正如里岔镇办的工作理念，抓住一个今天，胜过两个明天！

（刊于《金胶州》）

7. 疫情无情人有情

——王玉静用行动诠释责任担当

（呼怀民）

新型冠状病毒感染的肺炎疫情牵动着全国人民的心。青岛市广大社会新阶层人士迅速行动、众志成城，全力以赴展开疫情防控狙击战，在消毒医用物资紧缺的情况下及时伸出援助之手，展现出了担当、无私、博爱的宽广胸怀。疫情无情人有情，新的社会阶层代表人士王玉静用实际行动诠释了社会责任担当！

一方有难，八方支援。青岛社会组织联合会副主席马骏组建全国首支非公立医院医疗队出征湖北，王玉静听说医疗队防护服、手套、医用酒精等医疗物资严重匮乏，甚至有的医护人员防护服有破洞时，迅速四处求助，多方紧急调度，终于将30000双手套、10000鞋套、两批防护服发往武汉救急！当辛苦筹齐到的5000升酒精无法通过快递发走时，她就将这些物资第一时间捐给了一些社区和民办教育学校，用于公共区域消毒防护。

共舟共济，大爱无疆。去年，作为新的社会阶层代表人士，王玉静被青岛市委统战部选派到胶州里岔镇挂职副镇长，她深知基层防控工作的重要与不易。当她得知乡镇上有的村设防帐篷和遮挡物资缺乏，夜里在村口值班非常艰苦，镇党委政府在焦急地寻找调集帐篷、板房时，她多方求援，找到天津一家企业，在物流暂停的情况下，委托唐山朋友租车，连夜赶到天津武清拉上10套棉帐篷，凌晨十二点千里飞车，在初五早上将帐篷送达胶州里岔镇薛家庄、游家屯、东张应、前小河崖等十个村口。“我欣慰的是，他们今天晚上能够安心值班了，紧紧地守护我们青岛的西大门。”

携手同行，众志成城。为配合疫情防控工作，保障员工身体健康，她经营的几家公司初二就成立了防疫指挥小组，初三确定并公布延迟开工到2月10日。并亲自编写防控歌谣：“修身齐家多尽孝，严禁人多凑热闹。出门必须戴口罩，进家洗手晒衣帽。阳光运动不可少，通风喝水很重要。看书学习多提高，业务能级更高效。不要总把手机抱，避免熬夜身心耗。坚守公德不传谣，乐观坦然必安好。”简单的歌谣，看出公司所倡导的修身齐家、健康积极、学习赶超、崇尚公德的企业文化与行为要求。“我希望我们员工自觉履行个人的家庭责任与社会责任，努力学习，积极向上，在非常时期不能给国家给社会添乱，这是最起码的要求。”

疫情就是命令，防控就是责任。在疫情防控面前守初心、担使命，舍小家、为大家，巾帼不让须眉，彰显了新的社会阶层代表人士的社会担当和深厚的为民情怀，王玉静是我们新阶层代表人士的硬核榜样。众志成城、全力以赴、共克时艰，打赢疫情防控阻击战，传递疫情防控正能量，青岛市新的社会阶层人士在用实际行动谱写着华丽篇章！

（刊于《青岛统一战线》）

8. 战疫关头显担当

（李轲、牛立章）

今年春节对于每位国人来说都是不寻常的，很多人多数都闲居在家，或看电视、或上网、或看书学习等等，和家人一起享受着休闲时光。但对于王玉静委员来说，这些天却“很紧张”。“从年前就开始了，青岛市政协应对防控疫情快速反应，第一时间通过智慧政协APP平台，我们每天都在认真考虑，然后展开积极讨论，献计献策，只要网络允许，大家都密切关注着青岛、武汉乃至全国的疫情防控工作。”

心系武汉 半夜协调救援物资

因陪父母过年，王玉静委员年前就到了海口。随着防控疫情形势越来越严峻，她希望赶快回到青岛，承担政协委员的社会责任，用实际行动为战胜疫情贡献自己的力量。她初三就订了票，但两次被退票，终于在三天后赶回青岛，按照社区要求，自觉地在家中自我隔离，开始在家里坐镇指挥公司事宜和防控疫情的社会援助工作。

1月30日，青岛组建首支非公医院援助武汉医疗队出征湖北，当她得知医疗队驻扎的武汉汉阳医院的医用防护服、防护手套、医用酒精等医疗物资严重缺乏，甚至有的医护人员防护服有破洞时，她非常焦急，开始四处寻找这些物资。“我起初没想到这些东西都成了稀缺资源”。在很多群里发过求援贴子，广发朋友圈，也给不少医疗系统朋友打电话求助后她意识到有难度了，直到31 日晚上11 点多还在微信联系着。朋友介绍了广东惠州的一家生产医护手套厂家，联系上已是晚上11：30了，“这样很没礼貌，但顾不上了，当时就想着明天一定给我们医疗队发过去”。结果，功夫不负有心人，对方听说是无偿捐助，二话没说，硬是从别家的单子中匀出了30000 个给她，第二天一早就发往武汉。那几天防护服更为稀缺，她通过校友帮忙联系到了日照的一家医疗用品生产企业，好说歹说才“磨”到了200 套。“后来我才知道，他们每天为当地疾控中心满负荷的生产，零星剩个些，给我攒出来的。”在最紧张那几天，就是这200 件磨出来的防护服为出征武汉汉阳医院的青岛援助医疗队和青岛的几个村卫生所解了燃眉之急。

由于消毒酒精的易燃特性，辛苦筹齐的5000 升酒精无法通过快递发走，她就将这些物资分别捐给一些社区用于公共区域消毒防护。

千里飞车 奔赴天津拉回军用帐篷

经营着农业企业，去年又在乡镇挂过职的王玉静，深知乡镇基层防控工作的重要与不易。2 月3 日，她和在基层工作的朋友通话时得知，为了加强乡村疫情防控，乡镇的许多工作人员在各村驻村设防，因帐篷和遮挡物资缺乏，夜里在村口值班时非常艰苦，镇党委、镇政府也在焦急地四处寻找调集帐篷、板房等。但因多数厂家还没有开工，而且全国各地都紧急订货，供不应求。几经辗转，她终于找到天津的一家企业还有10 套，但是因物流暂停，要到15 以后才能发货。“我们基层工作人员要保住身体啊”，最后她找到唐山的一位老朋友，好不容易租了辆货车，晚上十一点多赶到天津武清区那家企业的库房拉上货，凌晨十二点开始千里飞车，在初五早上将帐篷送达胶州里岔镇下属的十个村。“让我欣慰的是，他们今天晚上能够安心的值班了，紧紧地守住我们青岛的西大门。”

快速反应 公司上下紧急行动

为配合相关部门加强新型冠状病毒感染的肺炎疫情防控工作，避免疫情可能高发时期员工长途出行的风险，最大限度保障员工身体健康，王玉静委员的几家公司在初二当天就立了防疫指挥小组，初三又紧急召开部门经理以上员工网络视频会议，确定并公布了延迟开工到2月10日。她亲自编写防控歌谣，要求员工遵守。“修身齐家多尽孝，严禁人多凑热闹。出门必须戴口罩，进家洗手晒衣帽。阳光运动不可少，通风喝水很重要。看书学习多提高，业务能级更高效。不要总把手机抱，避免熬夜身心耗。坚守公德不传谣，乐观坦然必安好。”简单一首歌谣，看出公司所倡导的修身齐家、健康积极、学习提高、社会公德的企业文化与行为要求。“我希望我们企业的员工自觉履行好个人的家庭责任与社会责任，多学习，积极向上，非常时期尤其不能给国家给社会添乱，这是最起码的要求。”

我们在对王玉静委员做电话采访时，她说“作为政协委员，要有公心，有义务、有责任在国家和社会面临困境时挺身而出，主动担当，主动作为，并以自己的行动号召全社会共同参与，众志成城，我们一定能打赢这场疫情防控攻坚战。”

话语平和，但很有力量！

（发表于“今日头条”、“青新闻网”）

9. 最美“逆行者”

（王婷）

王玉静：20多个微信群求助来的防护物资，捐了！

2月1日，第一批10000双鞋套、30000双手套抵达武汉；2月2日，30件防护服率先运到武汉；2月3日，5000升75度酒精筹集到货；2月4日深夜11:00，10套棉帐篷开始在天津装车；2月5日，棉帐篷抵达胶州，第二批30件防护服也顺利抵达武汉……这是主动隔离以来，王玉静在家中忙活近一周的“成果”。作为三家企业的负责人，王玉静向20多个微信群的朋友求助，动用了大量人脉关系，采购到了一定数量的防护物资，第一时间捐赠到了抗疫一线。王玉静说，和很多大企业相比，自己的付出微不足道，但她要用实际行动告诉大家，所谓“同舟共济”，就是发挥每个人的一点光热，聚起来就是一团团火焰，照亮与温暖世界，对抗一切困难险阻。

向20多个微信群求助

1月31日中午，王玉静从海口“飞回”青岛。一进家门，顾不上收拾行李，她就急匆匆地拿起电话，找医疗领域的朋友要物资。这是因为她刚刚看到朋友圈内的一条求助信息。“1月29日，青岛社会组织联合会副主席马骏组建了全国首支非公立医院医疗队驰援武汉汉阳医院，可是医疗队到达后没多久，便向马骏院长反馈医疗物资严重不足的消息。接着，马骏院长就发了消息向大家求助。”王玉静立刻行动起来，“不过之前没有意识到，抗疫一线的物资这么匮乏！”

身为青岛市政协委员，几家企业的负责人，王玉静原以为筹点医疗防护物资应该不难，但几通电话之后，她急了，大家给她的回复都一样——没货。受需求井喷、生产、物流断档等因素的影响，防护物资比想象中紧缺得多。于是，会员群、企业家群、同学群、校友群……王玉静赶紧上微信，在20多个百人以上的微信群里发布了求购防护物资的消息，然后焦急地等待回音。

“牙缝里”挤出80套防护服

“有货，但是无法提供生产批号，你确定要？”“有货，但是物流不保证，得你自己想办法运。”“可能有货，但是不知道多少天能出货。”来自四面八方的回音，让王玉静喜忧参半，喜的是终于找到了货源，忧的不是价钱，而是物流运输难上加难。

王玉静告诉记者，在朋友的介绍下，她辗转联系上了惠州一家企业，10000双鞋套、30000双手套的货源敲定，打款后，企业得知是捐助物资就迅速发往武汉，这是最顺利的一单。比较难的一单是防护服。王玉静联系上了一家日照的生产企业，对方按照当地卫健部门的要求，每天定量生产防护服，基本是满负荷运转。“即使20：30后加会儿班，最多再出来几百套，还有好多家等着。他们一开始就表示爱莫能助。”王玉静说，她当然不会这么轻易放弃，与对方多次沟通，并表明自己不是经营这个，也不是自用，而是要捐赠给武汉抗疫前线，对方才松口答应“挤出”200套，但需要分批分次发往武汉。

天津租车运回10个棉帐篷

在王玉静的捐赠清单中，有10个棉帐篷。“北方地区这个季节，晚上如果没有棉帐篷，村口设防的工作人员根本撑不住。”王玉静说，2018年的时候，她被青岛市委统战部作为第三批新的社会阶层代表人士，选派到胶州市里岔镇挂职副镇长后，和当地联系比较密切。电话交流中她就得知，镇上有的村设防帐篷和遮挡物资缺乏，基层的党员干部在村口值夜班非常艰苦，镇党委政府正在焦急地寻找临时帐篷和板房。

眼下，棉帐篷也是一帐难求。王玉静又开始在朋友圈中广撒网，终于找到了天津一家企业春节期间还在生产。“但计划要排到5天以后。”她又开始磨人家，最终负责人被她的初衷感动，硬是从给别家发的棉帐篷里匀出来10个给她，“但是物流正月十五以后才可以发货。”王玉静表示，听到这个消息后，自己也犯了难，好不容易到手的物资运不回来，怎么办？思前想后，王玉静决定自己租车拉回来。她拜托唐山的一位朋友租了辆车连夜赶到天津武清，2月4日夜里11点装上货，12点出发，2月5日上午9点多将帐篷送达了胶州里岔镇，分发到薛家庄、游家屯、东张应、前小河崖等10个村。

5000升酒精捐给社区和民办学校

“知道帐篷安全到了胶州，我觉得一下子轻松了很多，感觉一块石头落了地，他们今天晚上能够安心值班了，暖暖地守护我们青岛的西大门。说实在的，在挂职的一年中，我深知基层防控的重要性，更懂得基层党委政府在应对疫情防控上有大量繁琐工作要做。所以我必须为他们做点什么。”王玉静这样说。

不仅如此，王玉静还从青岛筹齐到了5000升酒精。“本来也想运去武汉的，后来才知道酒精无法发快递，那就捐给青岛有需要的人吧！”王玉静告诉记者，考虑到一些民办学校开学后面临的防疫困难比较多，所以她就将这些物资第一时间捐给了社区和校外机构，用于公共区域消杀防护。

采访中，王玉静说，和奋战在一线的抗疫医护人员相比，自己做的很有限，他们才是真正的英雄，“我只是觉得作为政协委员，应该尽自己所能做点什么，有钱出钱、有力出力，无论企业还是个人都应该有社会责任感。”王玉静说，她还在自己的公司群里建立员工打卡学习制度，组织大家在线讲课、学习、视频会议、在线推荐好书，征集疫情防控、企业发展的金点子，“为疫情防控出力的方式有很多，不只是捐赠，我觉得通过自己的行动引导周围的人正心、正言、正行，传递正能量，积极乐观地应对困境，就能胜疫在望！”

（刊于《青岛早报》）

10.“我爱青岛·阳光护苗”行动　为个体工商户纾困解难

（蔺君妍）

2020 年6 月28 日上午，由青岛市政协提案委员会、青岛日报社、青岛广播电视台、青岛市私营个体经济协会联合发起的“我爱青岛·阳光护苗”启动仪式在山东青岛李村商圈举行。

启动仪式上，青岛市政协委员、青岛康合伟业商贸有限公司董事长、青岛小农姑生态农业发展有限公司总经理王玉静宣读了《“我爱青岛·阳光护苗”行动倡议书》，青岛市私营个体经济协会副会长兼秘书长刘志军宣读了《致房东的一封信》，共同呼吁在国家要求对承租国有单位房产的个体工商户实行租金减免的前提下，非国有的企业、个人房东（业主）在力所能及的范围内，为个体工商户减免部分房租，共同做“阳光使者”，把温暖送到他们身边。

2020 年伊始，一场突如其来的疫情给我们的生产生活带来了前所未有的冲击。疫情防控期间，青岛市各级政协委员精准建言、积极献策，结合疫情防控形势，建言内容从应对疫情到复工复产，全方位、全流程助力青岛市准确识变、科学应变、主动求变，助力青岛市经济社会发展按下“快进键”，其中，王玉静委员提出的《关于扶持个体工商户及中小微企业正常复工复产案》中提到，目前，青岛市约有150 万家的非公经济市场主体，其中个体工商户约占近100 万户，对地方经济发展、市场繁荣稳定以及民计民生保障都发挥着重要的作用。她建议，鼓励减免个体工商户及中小微企业经营用房受损期间的房租。这一提案迅速得到了青岛市政协提案委员会的重视。青岛市民营经济发展局主动承担起这部分职责，截至4 月10 日，共有230 家载体为10137 家企业经营业户减免房租和物业费2 亿多元，其中102 家民营载体为5536 家企业及经营业户减免房租等7753 万元。

疫情防控进入常态化后，青岛市政协提案委员会委托青岛智慧同城信息科技有限公司对两处有代表性、个体工商户比较集中的海云庵商圈和新业广场商圈，进行了实地入户抽样调查。抽样调查结果显示，61% 个体工商户疫情防控期间月流水不足疫情前的30%；51% 个体工商户房租月租金超1 万元；83% 个体工商户未获得租金减免，部分个体工商户的生产经营状况仍不乐观。

为推动提案的进一步落实，切实解决民生难题，增加就业岗位，争取不让每一个个体工商户掉队，青岛市政协提案委员会、青岛日报社、青岛广播电视台、青岛市私营个体经济协会联合发起“我爱青岛 · 阳光护苗”行动倡议，旨在为青岛市的个体工商户纾困解忧。

活动将公开电话66988299、“我爱青岛 · 阳光护苗”专题网页，接收“好房东”减免房租信息、树立典型，并在青岛市智慧政协平台、青岛政协网站及省、市有关媒体进行公布，另一方面接收个体工商户的诉求及政策咨询等，由青岛市私营个体经济协会解答或转有关部门进行处理。（青岛日报记者 蔺君妍）

（发表于“学习强国”）

11. 抗疫中的女委员：有你相伴　且共从容

（李轲）

一件提案的民生温度——青岛市政协提案工作聚焦民生勇担当

初秋九月，落雨还在，暑热褪去。黄海明珠，诗意青岛，收获而至。

“非常感激您给我们减免房租，让我们度过了最困难的一段时光，这是最近几个月的房租，请您务必收下。”“今年受疫情影响，你们效益也不好，都是老租户了，房租我们确实不收了。”这是位于青岛市四方路配钥匙店的任某与房东的一段温情对话。一个坚持要交房租，一个坚持要减免房租，生动诠释了这座城市的人间佳话。这背后，源于青岛市政协一件提案、一种机制、一份合力。

一件提案，提升城市温度

年轻干练、作风务实的王玉静，是青岛康和食品有限公司的董事长，也是一名优秀的政协委员。在今年疫情之初，她就敏锐地感知到这场疫情对经济的影响，尤其是对个体工商户和中小微企业的巨大冲击。出于一名政协委员的责任感，她像一名“背包客”一样，开始走街串巷，先后深入到青岛市台东商圈、李沧商圈、海云庵商圈等，入户调查300多家个体工商户，大至几万平方米的商户、下至十多平方米的小铺，都留下她促膝相谈、倾听商量的调研场景。经过一番翔实地调查研究，她发现，经营用房租金是个体工商户及中小微企业经营中最主要的支出之一。尽管国家出台了一系列政策扶持小微企业和个体工商户，其中就包括租金减免，但仍有很多小微企业和个体工商户因承租个人或企业的经营用房，无法享受减免政策。

于是，王玉静向青岛市政协提案委员会提交了《关于扶持个体工商户及中小微企业正常复工复产案》，建议鼓励减免个体工商户及中小微企业经营用房的房租，同时对减免房租的个体业主及物管公司予以物质和精神奖励。

智者虑事，虽处利地，必思所以害；虽处害地，必思所以利。化危为机、危中寻机，政协要有所作为，也必须有所作为。青岛市政协提案委员会接到这件提案后，委托青岛智慧同城网络有限公司对疫情影响下的个体工商户生产经营情况进行了调查。经过对比，选择了有代表性、个体工商户比较集中的海云庵商圈和新业广场商圈，进行了实地入户抽样调查。抽样调查结果显示，61% 个体工商户疫情伊始月流水不足疫情前的30%，51% 个体工商户房租月租金超1 万元，减免租金成为当务之急。

据不完全统计，2019 年底青岛市个体工商户登记注册97 万余户，约有30 万个体工商户纳税80 多亿元，近百万家个体工商户解决就业岗位多达300 万个。这些个体工商户自我经营、自食其力、自谋出路，多为生存型创业。这一庞大的群体，是促进经济繁荣、吸纳社会就业、保持社会稳定的重要组成部分留住青山，才能赢得未来。为推动这一民生提案落地落细落到位，切实解决民生难题，增加就业岗位，争取不让每一个个体工商户掉队，青岛市政协提案委员会、青岛日报社、青岛广播电视台、青岛市私营个体经济协会联合发起 “我爱青岛 · 阳光护苗" 行动倡议。一场为个体工商户纾困解忧的关爱民生行动缓缓拉开。

一种机制，彰显政协智慧

凡事预则立，不预则废。在突发公共事件和信息化数字化大潮的考验中，提案工作只有迅速反应，马上行动，才能实现有为有位。

一件看似小小的提案，折射出青岛市政协提案工作“特事特办、急事快办、要事合办”的工作准则，体现了青岛市政协“专注发展、专心为民、专力履职”的工作理念。今年以来，青岛市政协坚持质量导向，强化制度建设，进一步细化《提案应急处理办法》，使其适用于各种突发事件，确保在紧急情况下提出的意见建议都能得到及时办理，让提案的独特优势和作用得到充分发挥。

其一，体现工作指导上坚持特事特办。抗疫行动一展开，青岛市政协立即启动提案工作应急处理机制，特事特办、迅速反应、精简流程、督促落实，第一时间办理委员提案，开辟了提案办理“快速通道”。其二，体现在应急机制上特事特办。制定出台《关于防控疫情期间提案应急处理办法》，明确专人值守、紧急审查、跟踪督办、办理反馈的具体要求，确保委员提案第一时间受理。其三，体现在提案审查上特事特办。启动应急审查程序，开展联合在线审查。符合立案条件的，简化程序，在1个工作日内实现交办；不符合立案条件的，转作委员来信交有关部门参阅或电话回复。立案交办后，由提案办负责加强同承办单位沟通协商，督促尽快采纳落实提案中的合理意见建议。其四，体现在办理手段上特事特办。疫情时期不再拘泥于协商“三见面”、规范行文、面复反馈等程序，审查、立案、转办、答复都转为线上，办理结果由承办部门在10个工作日内电话告知提案人、网上反馈提案办即可。

在此基础上，体现在成果转化上特事特办。对收到的疫情防控和经济社会发展方面提案，均按照应急处理办法第一时间交予政府相关部门。各承办部门积极办理，将委员提案转化为疫情防控具体举措。青岛市科技局办理《关于紧急设立应对新型冠状病毒感染肺炎专项科技攻关的提案》，简化申报、推荐、评审和立项程序，从科技攻关项目指南发布到立项仅用8天时间，并对每个立项项目给予25万元到100万元的资金支持。青岛市政府还采纳了委员提案中关于规范处置废弃口罩、餐饮行业防控措施和应急预案、精准助力企业复产复工等意见建议，达到政协提案工作第一时间服务统筹疫情防控和经济社会发展的效果。

青岛市政协在疫情期间通过提案助力疫情防控的主要做法，得到了全国政协提案委员会领导的充分肯定和一致点赞。

一份合力，厚植人文情怀

从一个委员到一件提案，从一个群体到一座城市，“我爱青岛·阳光护苗"行动背后的一个个故事说明：一座城市的发展，不应只有速度，还应该有温度；一个委员，不应只有荣誉，还应该有情怀。

开展“我爱青岛·阳光护苗”行动，就是要倡议社会各界共同关爱身边的个体工商户和小微企业，走出家门、雪中送炭，多光顾一次生意、多介绍一位客户、多出一个主意，缓解其经营压力；倡议非国有企业、个人房东(业主)在力所能及的范围内，为个体工商户减免部分房租，以“在危机中育新机、于变局中开新局”的信念，与承租的个体工商户同舟共济、共克时艰，渡过特殊时期的严冬，传递“爱青岛，让青岛更美好”的信念和力量；同时，也为这座城市留下晚归时街角亮着的一盏灯、饥肠辘辘时的一碗面，将城市的温度传递给更多市民，让社会中的一个个爱心汇聚成“阳光”，连同政策的“阳光”一起照进城市的各个角落，让不同群体共享阳光，共赢未来。截至8月，据“阳光护苗”活动平台公布数据显示，目前已有185个房东为7875家个体工商户减免租金14829.2万元。

青岛市政协委员、市工商联副会长杨亮所在的青岛志昊实业有限公司为经营商户减免300多万元；青岛市政协委员常欣所在的青岛蓝海股权交易中心未雨绸缪，推出多项惠企举措，为入驻企业减免400余万元；青岛市政协委员孙健协调所在的青特集团有限公司为商户减免租金1132万元；青岛市城阳区政协委员楚宜杰安排所属的通达国际生活广场为126户商户减免租金等费用147.4万元；青岛市市南区政协委员王雪协调所在单位青岛金茂湾购物中心为130余家商户减免租金480.3万元；青岛市崂山区政协委员赵连华安排所属的好一家国际家居广场为1100 多家业户减免房租近2000万元。

作为青岛市民营企业服务业十强的利客来集团，在享受一系列惠企政策的同时，为600 余个合作商户和企业减免了1500 多万元的租金。集团董事长李云敬表示，本着与商户将心比心的原则，集团出台了一系列举措帮助商户降低成本、拉动消费。“作为政策受益者，我们也为商户减免租金，直到商户平稳渡过难关。”

“一步一履总关情，一言一语为民生。我们发起这项活动，是人民至上、发展为要的体现，是人民政协为人民的体现，是政协委员荣誉与责任的体现，是提案工作担当与创新的体现，是城市人文与精神的体现。通过实实在在的行动，让广大老百姓感觉政协离他们很近，他们的事就是政协关心的事。”青岛市政协提案委员会主任刘明辉说。

（刊于《联合日报》）

12. 青定姐妹携手　情定山海协作

（薄克国、袁静）

10月11日至13日，青岛市妇联党组书记、主席宋立春带领考察团一行赴甘肃省定西市开展东西部协作对接交流。考察期间，先后举行青岛市——定西市女性科技人才工作站揭牌仪式，举办农业种植技术公益培训班，召开两市妇联东西部协作暨女企业家座谈会，开展两癌妇女及春蕾女童救助，捐赠帮扶资金16万元，签订定点协作、消费协作、法律援助、劳务培训和就业等八项合作框架协议。

10月12日，考察团一行走进全国妇联对口协作点——漳县。在漳县武阳镇现代产业园，“她力量点亮科技之光”青岛市——定西市女性科技人才工作站正式成立。工作站将以女性高端科技人才柔性引进为切入口，柔性引进高端科研团队，开展科技培训、科技成果转化等交流合作，激发青定两市女科技工作者创造创新内生动力，为两地经济社会发展提供科技服务、贡献巾帼力量。揭牌仪式上，青岛康和食品有限公司和山东正航律师事务所为工作站捐赠了资金，青岛市农科院蔬菜研究所专家为50名漳县女性作番茄种植技术培训讲座。

考察团一行先后来到武阳镇现代产业园、何家源蔬菜公司、漳县妇女儿童服务中心、渭源县田家河乡元古堆村、渭源县消费扶贫生活馆、卓峰箱包车间、甘肃渭水源药业科技有限公司、甘肃田地白家食品有限责任公司等参观考察。

青岛市女企业家围绕区域性乡村振兴巾帼行动示范点建设、蔬菜产业发展、妇女居家灵活就业、农特产品“线上+线下”消费情况、中药材马铃薯产业发展等调研探讨，表示将发挥企业在市场渠道、销售网络、人员推广等方面优势，通过设立专馆专区展示、两地联动网上直播等消费协作模式，推动定西市农副产品提质升级，通过两地女企业家合作，让更多的“定货入青”，促进消费协作，加强商贸交流，青定姐妹携手，把日子越过越红火。

在渭源县召开的青岛市——定西市妇联东西部协作暨女企业家座谈会上，女企业家代表结合自身企业经营情况和青定两市优势互补、合作发展进行互动交流。大家将定西的“土豆思维”与青岛的“大海思维”充分碰撞融合，围绕创新产业协作、消费协作和劳务培训以及切实把两地特色资源优势转化为产业优势、发展优势敞开心扉，畅所欲言。

城阳区、胶州市妇联分别与对口协作的渭源县、通渭县妇联签订协作框架协议，山东正航律师事务所与定西市妇联签订长期公益送法合作协议，青岛利群集团股份有限公司与甘肃田地农业科技有限责任公司签订消费协作框架协议，青岛康和食品有限公司分别与定西青谷家、渭源县田地白家、甘肃药业集团圣源中药材有限公司签订合作意向，青岛市爱心大姐服务有限公司与甘肃美宜家家政服务有限公司签订劳务技能培训和就业框架协议。

一系列协议的签订，为两市妇联组织助力东西协作、实现两地互补互动互学互通互鉴奠定良好开端。

青岛市妇联将主动作为、积极对接，与定西市妇联携手并肩，充分发挥两地自然资源禀赋和妇联优势，各扬所长，真情协作，在东西协作中展现妇联作为、彰显妇联担当，推动两市妇女儿童事业合作发展、互惠共赢，为打造东西协作青定模式、谱写两地交流交往新篇章贡献妇联智慧和力量。

（刊于《大众日报》）

五、正言正行正文章，笔下传递正能量

1. 郁金香的回忆

“谷雨过后再无寒，人间芳菲已向暖”，青岛的春天一般来的比较晚，但一过了谷雨，天气很快暖了起来，连日来都是阳光灿烂、和风习习的好天气。

这样的春日里最适合游园赏花了，于是约上三五好友来到了植物园。植物园里仿佛正上演着一场百花争妍的盛会：黄灿灿的迎春花仍在热情地传递着盛春的讯息；如云的樱花在春风中散发着满树浪漫；洁白的玉兰在优雅安静地绽放着；粉面的桃花娇羞可人地笑着春风；盛开的紫荆花紧紧簇拥着压弯了枝头……花儿们尽情地向世人展示它最美丽的时刻。

郁金香此时开得最盛。顺着花道走到西门处，五彩缤纷的郁金香花海便跃入眼帘。一株株红的、黄的、紫的、粉的、白的、黑的郁金香热情奔放地盛开着，在和煦的风里翩翩起舞，像一只只光鲜绝美的蝴蝶跳跃着。郁金香美得婉约，一株一茎一花，笔直的花茎，剑似的叶片向上托起一朵朵柔美圣洁的花朵。那花或如酒杯，或如小荷一般亭亭玉立，清新淡雅，却也光彩照人。郁金香不像其它花那样大开大放，而是矜持的似开非开，像极了掩面微笑的古典美女。远处看，花儿娇羞欲放；走近了，却已是含蓄的绽放着。难怪法国作家大仲马赞叹她“艳美的让人睁不开眼睛，完美得让人透不过气来”。

花圃修剪得很有创意，按照郁金香的品种、颜色组合成一块块小巧可爱的异形花海，还点缀着精巧别致的雕塑小品。望着眼前造型美观的草坪、整洁干净的街区、光亮如新的石板路，不由想起童年的一件趣事。

小时候，家里长年订着几本杂志，有《世界博览》《读者》和《小说》，我们姐妹几个最喜欢看的是《世界博览》，每月初寄来时，我们都抢着先看。那一幅幅装帧大方、印刷精美，泛着荧光的硬质彩图，如同一扇扇通向世界的明窗，在我们眼前展现出欧美发达国家的风情面貌，在当时经济贫弱的年代，欧美国家的现代时尚让我们惊叹和羡慕！对一篇介绍荷兰阿姆斯特丹港的文章印象尤为深刻，文章配图上有鳞次栉比的海边建筑、造型独特的桥梁、漂亮精致的船屋、整洁无尘的街巷、花花绿绿的电车、碧波荡漾的海水、擎天而立的风车……再有，就是眼前这般绚丽绝美的郁金香花海。那篇文章用最凝练的文字、最精美的图片定格了我印象中美丽奇幻的童话世界，直到今天，脑海里还印着这样三幅画面：一幅是绿树成荫的街景，洁净清新，连一片纸屑都不见。当时我就想，怎么会那么干净呢？是不是先清扫冲刷后拍的照片呢？因为我们当时的城市卫生状况和画面上有不小的差距；另一幅是双层巴士的侧影照片。那个庞然大物让我诧异，怎么也想不出双层车上下两层的司机是如何保证同样的开车速度？还有一幅就是漂亮的郁金香花海，那卫兵列队一般整齐划一的火红花海让人迷醉，从此高雅素洁的郁金香就刻在记忆中了。

时光荏苒，不知不觉已走过四十多年的春秋岁月，而这四十年，正是我国经济社会飞速发展的重要时期，我们的祖国发生了翻天覆地的变化：深圳特区建立、香港澳门回归、北京奥运会成功举办、神舟七号升空……一个个令世界瞩目的历史瞬间让华夏儿女无不扬眉吐气、豪情万丈；青藏铁路、三峡工程、港珠澳大桥、海底隧道……中国人以“上九天揽月”的恢弘气势书写着新基建的伟大创举；经济、军事、科教、文化、医疗、卫生、环境等各领域的变化，使每个人都能切身感受到生活水平的提高……

很多人对从前邻居们围坐在14 寸黑白电视前收看《霍元甲》的场景都记忆犹新，而如今谁家没有彩色电视呢？科技越来越发达，手机、电脑让我们与世界实现互通互联，借助快捷安全的动车和高铁，我们行驶在充满希望的康庄大道上。中国共产党人坚守着为中国人民谋幸福、为中华民族谋复兴的初心使命，领导十几亿国人通过艰苦卓绝的奋斗，使积贫积弱的中国实现了从站起来、富起来到强起来的历史性飞跃，我们这代人，小时说起“四个现代化”觉得那是遥不可及的梦想，而今就在身边。

在我生活的城市青岛，每天都能感受到令人惊喜的变化。这座被康有为赞誉为“绿树青山，不寒不暑，碧海蓝天，可舟可车，中国第一”的最年轻的海滨城市，对于中国近代史有着特别的意义，更有着城市崛起的先天优势。从偏远渔村到商贸城市，再到纺织业兴盛的工商业城市，青岛的城市格局逐步建立、发展起来。新中国成立后，青岛的工业经济迅速发展、品牌之都盛名远播，青岛开始焕发出更强的生机与活力。随着1994 年市政府东移，青岛开始站在“走向世界”的维度，开创着“大青岛”城市群的发展格局。建制百年来，青岛从未有过这样的发展速度，仅用三十多年时间，就从轻工业城市一跃成为发达的沿海开放城市。尤其是2008 年奥帆赛的成功举办，标志着青岛开始迈入国际化都市的行列。上合峰会的举办、上合组织地方经贸合作示范区的宏伟蓝图，再次为青岛的长远发展带来新的契机，青岛正以奔跑的速度向着开放、现代、活力、时尚的大都会迈进。

从前让我羡慕的那三幅画面早已成为现实——1996 年，青岛正式成为国家卫生城市，大街小巷都变成荷兰阿姆斯特丹那般模样；1997 年，316 路公交线首次从香港引进宽敞舒适的双层公交车，成为青岛沿海一线一道亮丽的风景；郁金香早已开遍了大街小巷，展现着她独有的美丽……人们每天的生活像这春日的花儿一般美好，每个人从未像现在这样充满了幸福感与自豪感，我们的孩子当然再也不用对着画报困惑和憧憬未来的花园城市生活……

“妮妮——，红色郁金香最漂亮，你到这儿来，爷爷给你照相”，一位老者呼唤孙儿的声音把我从遥远的记忆中拉了回来。眼前一老一少都开心的笑着，在花丛前拍照。小女孩还去闻了闻盛开的郁金香，“爷爷，好香啊”。

我还从未留意过它的花香，也好奇地探身闻了闻。嗯，真香啊，是那种清新淡雅的幽香，还有种幸福与希望的味道！

（此文在“文学见证城市辉煌”——庆祝中国共产党成立100周年暨青岛建置130周年主题征文比赛中荣获二等奖，曾发表在《青岛政协》《青岛日报》《琴岛文学》等报刊上）

2. 英雄归来

“去时风雨锁寒江，归来落樱染轻裳。漫天飞花中，微笑望苍穹。山河无恙在我胸，君归来若春风。山河无恙，如初见模样”，今天在马院长朋友圈中看到这段美文后，我知道，英雄们回来了。

“吴伟、张贵敏、张松林、刘赟、魏勇”这几个名字最近经常见诸报端，今天随市委统战部去看望了全国首家非公援鄂医疗队——青岛思达医院医疗队。他们刚从武汉抗疫前线凯旋归来，经过近20天的隔离休整，重新走上工作岗位。虽然从媒体上看过他们的事迹，但面对面交流，听他们讲抗“疫”故事，还是非常感到。

座谈会上，他们分享了在武汉59天救援工作的亲身经历和感受，几乎每个人分享时眼睛里都泛着泪光，都是发自肺腑的真情流露。其中有两件小事特别打动我：吴主任说每天晚上他们都要奋战到10点多，一次在返回住处的路上，不知是谁起了个头，武汉很多市民都推开窗户，一起唱起了国歌，他们也肃立在深夜的街头跟着唱起来，“从上小学时就开始学唱国歌，可那一刻，我们才感到国歌竟然是那么神圣，那么好听！我们由衷的为自己是中国人而自豪！”另一件事就是，他们刚到武汉时医疗物资极其匮乏，缺乏安全的防护用品，医务工作者时刻处于危险当中，但即便这样，他们一进入工作状态，就全然忘记了个人安危，心里只有一个信念“再救一个”，而夜里回到住所，那种疲惫、恐惧、无助交织着，在危难中淬炼着他们的意志，在他们抵汉的四天后，青岛点对点的援助物资到了，是周围各地医疗队中援助物资最早到达的，大家都向他们投来羡慕的眼神，为山东为青岛竖起了大拇指！他们留下一部分自己用，把许多物资又分给各地的战友们。我这才明白，刚见面时他们有点夸张地称呼我为“救命恩人”的含义，没想到那点善念、那点医疗物资竟发挥了重要作用，也算是值得欣慰的事儿。

明显感受到经历了战疫洗礼的他们，思想境界、家国情怀、对生命的认知已经超越了他们的年龄，更别说业务能力了，马院长不无自豪地说“他们几人就可以建成新院挑起大梁”，他们在生死危难时刻，在高压环境中都已锻造成独当一面的全能高手。更可贵的是，这群80后经过这场战役，精神意志、信念系统已变得无坚不摧。“抗疫一定会胜利，因为没有一个冬天不能逾越，没有一个春天不会到来！”他们说这话时的那份坚定与自信让在场所有的人动容。

这次疫情给整个世界都带来了巨大灾难，但值得庆幸的是，我国抗击疫情的关键性胜利，已经充分地反映了制度优势和社会治理体系的差异。中华民族从来没有像现在这样凝心聚力！有人称之为心胜，但更像是一场思想认识的高度统一，多年来西方民主、西方模式、西方话语似乎等同于“先进”与“文明”，甚至在许多国人心中是神话般的存在，如今在强大的民族信心面前终于走下神坛，这必将会推动中华民族走向世界政治和经济的舞台中央。

3. 2020 年的一件小事

2020 年，注定是个不平常的年份。新年伊始，一场突如其来的新冠肺炎疫情让世界瞬间安静下来，让世人沉思起来。对国人来说，今年的回乡之路注定与往年不同。春节前夕，回家路上的每一个人都被严峻的疫情防控压力影响着，都在紧张、艰辛地行路，踉踉跄跄般折腾半天，才终于到了海口，终于可以暂别恐忧担心的紧张情绪，在晴空煦日下过起恬淡安宁的小日子。

刚下过雨，趁着人少到小区里散步。几天前处处歌舞欢腾的热闹劲不见了，而今，走在其间，有如在城市森林里探路一般，人们的步态与神情明显少了些怡然的味道，甚至有些警觉与不安，小区的游泳池里也不再像以前那样如下饺子的大锅一般，看着澄清透明的水池，真想扑腾几下水花。

经过十二号楼时，忽然从楼上一户人家传出《我和我的祖国》萨克斯曲，吹得一般，时不时有几处音符是错的，但此时听起来却犹如天籁之音。估计吹奏者是去年国庆前后所学所练，在当下听起来别有深义，眼睛不禁湿润了。个体与国家确实一刻也不能分割，尤其在非常时期。当整个国家面临困境时，就能感受到我们民族的伟大与坚强，也更能理解什么叫中国意志：中国意志就是几天之内有序调控十几亿人员的流动；中国意志就是几天内切断一场来势迅猛的不明传染疾病源头与路径；中国意志就是五天内全新的病毒检测试剂源源不断发往各地；中国意志就是十天内让火神、雷神助阵抗疫；中国意志就是除夕夜里全国各地医疗救援队的迅速集结；中国意志就是疫情面前全社会的积极回应；中国意志就是人民必胜！中国必胜！

网上看到有个说法，庚子年是灾难之年。列举了历史上庚子年的典型灾难，如1840 年第一次鸦片战争；1900 年八国联军进犯；1960 年三年自然灾害，归纳后得出庚子年多灾的结论。这种博噱头的言论是不符合逻辑的。其实翻看历史就知道，中华民族五千年的发展进程中经历了多少次天灾人祸，面临过多少次危机困境，我们伟大的民族就是在一次次的困境中愈挫愈勇，浴火重生的。我们曾经历的困难何止发生在庚子年，就以近几十年的天灾来说，1976 年是丙辰年，唐山地震；2003 年是癸未年，非典疫情；2008 年是戊子年，汶川地震……所以说庚子年多灾的说法牵强附会，但无论什么困境，我们伟大的中华民族都会坚强应对、勇于胜利。“春风杨柳万千条，六亿神州尽舜尧”，我们一定能取得疫情防控和经济社会发展的全面胜利！

4. 微尘不是一个人

“不要相信萤火虫不是灯，照不了匆忙赶路的行人……微尘不是一个人，是一座城市的良心。”《微尘之歌》仿佛能够触碰到内心的柔软情感，让人心灵悸动。微尘，当年一位好心市民随手写下的代名词，如今已成为青岛的爱心符号与城市文明的标志。

作为往届代表，参加了今年的“微尘公益之星”颁奖。现场见到了两位认识的朋友，都是民营企业家，多年来热心于扶贫助学、帮老护孤等公益事业。卢总接受记者采访时说的一番话让我很感动也深有体会，“不是我在帮他们，而是他们在帮助我，我只拿出微薄的财物，而他们成就了我的社会价值。”都说爱出者爱返，做好事的人同样收获很多。如果说付出还可以用时间、金钱、物质来计算，那么收获却大到无法衡量，那份内心的喜悦和由爱涌起的力量是无法量化的。

颁奖时又见到了我尊敬的刘真骅老师，一位“把花甲当花季”的女人，知性、感性、理性于一体的传奇人物。不愧是“中国老年形象大使”，八十多岁了依然保持着年轻人的激情与活力，身上焕发出时尚的明星范，看到她，就知道“最美不过夕阳红”是什么状态。各类公益活动中都能见到她，她以优雅、善良、智慧点燃了很多人的心灯。

“等我有了钱以后也会去做公益”，常常听人这么说，以前也曾这样想过，以为公益是以金钱物质为底座的。然而这些年来，我体会到公益的基础是爱心。建校、铺路、修庙是公益，而力所能及地扶危救困也是公益，自觉维护社会秩序与道德准则也是公益，还记得那个大眼睛女孩怯生生、充满渴望的眼神吗？给他们一个拥抱、一个微笑、一个鼓励的眼神，关爱温暖他们的心，都是公益。勿以善小而不为，一个个小善举会铸就光芒人性的丰碑。

近几年来“公益之星”的颁奖场面气氛比较热烈、形式也比较隆重，这是新气象。社会上总有种声音，做好事不能张扬，高调慈善就是作秀。我不知道这些动嘴的人是否在不张扬地做着好事，但我想，公益事业不是少数人的事，传播爱心、张扬爱心也有利于获得公众的广泛参与，就像微尘每年的公益慈善晚会，通过拍卖、表演、抽奖等形式筹集善款，社会各界人士可以以娱乐的心态和形式参与公益活动，即能解困纾难，又可宏扬社会正气。奉献爱心本就是快乐的事，欢乐的爱心为何不能张扬呢？应该比某些明星大腕们骄纵奢华、为富不仁的公众引导效果强过百倍。对公益慈善都不懂得宽容的人，内心也未必谈得上高尚吧。

主持人在晚会最后也再次呼吁希望更多的人投入公益事业中，奉献爱心，她说，“在爱的路上你我同行，才能站得更高，走得更远！”

“……微尘不是一个人，是一座城市的良心”再次响起，再次让人感动。

5. 正能量

对于网上那些所谓针砭时弊、讽刺权贵、揭秘名人内幕之类的文章段子一般就一眼掠过，自然也不会转发。不是缺乏对社会的责任感和关注度，也不是因为那些内容与自己无关，而是觉得像《士兵突击》里许三多讲的那样“没意义”。

扩散那些自己没有验证真假的东西有什么意义呢？如果是假消息，自己的传播无异于在传谣传讹，对别人起到误导作用，对不良导向推波助澜，甚至助纣为虐，成为居心叵测之徒的帮凶旗手；如果是真有不公，这种扩散也于事无益。如同家门口有人放了包有异味的东西，谁会再放到别人家门口，自然是选择扔掉它。我们无法改变世界，无法改变社会，甚至连至亲的配偶、孩子都无法改变习性。能做的唯有独善其身，尽自己所能去努力，守好自己的本位，进一步扩大自己的影响半径，去关爱身边的人，去扶助弱势人群，去承担社会责任，这才是我们普通人应有的选择吧。看到那些段子是什么感觉？是振臂高呼还是窥探了隐私的窃喜？很多不明真相的人，往往站着道德的至高点上，对别人予以抨击与讽刺，然后迅速转发告知别人证明自己是卓尔不群的，如果这样，传播这些东西的初衷已经和正义、良知无关了。再进一步扩散下去，我们传播的已不是正能量，而是我们的负面情绪了。当然，揭露阴暗现象、批评不当举措、反应客观事实是正能量，但你要自问一下自己的初衷与良知，那些批评揭露的是否是真相？传播这些的目的是否有利于推动事情向好的方向发展？如果答案是，那么恭喜你，你传播的是正能量。

正能量看似抽象，但用作用说明就比较好理解了：让人感到积极正向、健康乐观、催人奋进、给人力量、充满希望的语言和行为，就是正能量，它引导的是积极向上的世界观、人生观、价值观。

6. 兰花草

很多人听过《兰花草》这首歌，歌词简洁旋律优美，很好听，最近在一次管理培训课上听导师引用了这首歌，把歌词分解诠释后，竟然发现它与创业经营之路有高度契合之处：

“我从山中来，带着兰花草”，创业者出于市场预期或个人优势或志趣选择了某个项目；

“种在小园中，希望花开早”。创业者开始精心做好各项创业准备：筹备资金、注册选址、招募员工、做项目计划书等等，开始创业；

“一日看三回，看得花时过”，创业不是件轻松的事儿，老板们一般都非常敬业，是公司中最努力、最上进的员工；

“兰花却依然，苞也无一个”。经营也不是一帆风顺的，会面临很多预想不到的困难、阻力与发展难题；

“转眼秋天到，移兰入暖房”，面对发展困境时，创业者需要积极探索，做各种经营调试，努力适应市场状况；

“朝朝频顾惜，夜夜不相忘”，老板们面对逆境也会有压力，甚至寝食难安，但还努力坚持着，精心呵护自己的企业；

“期待春花开，能将夙愿偿”， 支持创业者们坚持下去的就是心中的梦想与美好的企业愿景。

“满庭花簇簇，开得许多香”。功夫不负有心人，经过多年努力，创业者们终于取得成功，收获丰硕的果实。

这首歌词源自胡适先生晚年所作的一首小诗《希望》，表达出像兰花草一样馨香美好的精神境界，也蕴含着简单而又深刻的人生智慧。

寥寥几句，已经将经营的本质阐述到极致。任何情况下，努力一点，轻松一点，快乐一点，只要坚持下去，好事就会在前方不远的拐弯之处等着我们。

比较可喜的是，这些年来，众多行业市场经营行为越来越成熟，人们的创业心路也逐渐从投机到了投资心态、经营心态，如果能像护佑兰花一样用心经营事业，勤于耕耘，面对困难也能保持足够的乐观与信心，努力调整不断尝试，那么就静候兰香满园的时刻吧。

7. 小事不小

飞机航行过程中，一般都会为乘客提供些蛋糕饮料之类的休闲餐食，也会相应地配上一次性的塑制餐具。在飞往海口的飞机上，分完加餐20分钟后空姐来收垃圾时，我正读到一本书中引用了《朱子家训》中“一粥一饭当思来之不易，半丝半缕恒念物力维艰”的名句，一抬头正看到美丽的空姐将乘客还未开封的一小袋面包、小菜、一次性餐具和纸巾等扔进垃圾袋中，心中不由一动。观察了一会儿，发现不少乘客或多或少都有些未拆封的东西，像卫生筷、小牙签、叉子、纸巾等，他们优雅地将这些东西原封不动地装进食品盒里递给空姐，那位空姐动作纯熟地扔进垃圾袋里，没人觉得有什么不妥。

但细究起来，这是个社会资源过度浪费的问题。人类利用各种生产工艺将自然作物、其衍生物、化工初级制品等经过N道工序加工成商品，以满足现代人的生产生活需要，这是个庞大的系统工程。仅以榨菜的加工过程为例，至少需要经过分类、串菜、晾架、头腌、二腌、压榨、拌料等15道工序，这还不包括种植、收获、储运等环节。再比如说一次性餐具的生产，从前端获得树脂原料和其他化学助剂开始，到挤压片材、加热、吸塑成型、合格成品，过程繁杂，需要消耗一定能源，并付诸大量人力、物力去完成整个加工链条。人类一边勤劳地建设着，一边又轻易地破坏着、丢弃着。在空姐优雅的向垃圾袋一甩手的动作里，失去的不只是一小袋食品、一根牙签、一张纸，还有多少水电、人力、自然资源等，我们无法细化，同时失去的还有国人勤俭节约的良好传统与古人惜福的社会智慧。积土成山，积水成渊，长此以往，我们失去的可能是大片森林、万亩良田和各种宝贵资源！飞机上的这点浪费有人会觉得微不足道，想想平时那些高档精美的礼品包装，无论烟酒还是月饼的，无论服饰还是用具的，哪一个不被我们如同草芥般的丢弃了。

近年来，生活越来越好了，物质似乎无限丰足，八十年代后出生的人似乎从未有过饥饿的记忆，自然无法理解甚至轻视经历过三年自然灾害和物质匮乏年代的父辈们为什么那么勤俭节约甚至吝啬？遗憾的是有人又走向了另一个极端，无节制消费和过度浪费，据报道我国餐饮食物浪费量约为每年1700 万至1800 万吨，相当于3000 万到5000 万人一年的口粮。多么惊人的数字，而且浪费的背后，意味着水、能源、土地以及生产资料等宝贵资源的无谓消耗，还有水体污染、土壤污染、温室气体排放等环境负荷。相信很多人都听过《钱是你自己的，但资源是全社会的》那篇文章，德国老太太那句话掷地有声，节约应是现代社会基本的国民素质和文明意识。

从细微之处做起，节约每滴水、每张纸、每粒粮食，是良好的行为习惯，是文明的生活态度，是环保的生活理念，也是一种高度自律的社会风范。

8. 初心

“不忘初心”这些年来出现的频率挺高，字意不难理解，深究却不简单。初心，又称“初发心”，源于《华严经》，意指做某件事最开始的初衷、原因。《朗读者》中有这样的表述：“初心可能是一份远大的志向，也许是一个简单的愿望”说得直白明了。

岳氏母子的初心是“精忠报国”，于是有了八千里路云和月的征程；王阳明先生少年时期立志“读书做圣贤”，其后用了二十多年时间才将这个“我心”变成天下之公器；一个十四岁少年“为中华之崛起而努力读书”的回答震惊全场，后来他守着初心为国家为民族奋斗一生；马云说创业时想让“天下没有难做的生意”，最终他开创了互联网商业帝国；普通人的初心大多是发家致富、出人头地、高官厚禄等等，所以大家辛辛苦苦地努力工作着，挣钱、买房、买车，最终有的人实现了人生理想，也有的人中途放弃；放羊人的初心是多赚点钱，所以他的人生主线是：多放羊——多卖钱——娶媳妇——生娃娃——娃娃长大了多放羊……纵观大成者的初心，“名利”二字对他们来说太轻，皆是为社会为大众付出的公心，在他们实现初心的同时，自然也功成名就了。普通人可以量化的初心背后是什么？说到底也是内心的快乐与安宁，这些初心同样是激励普通人不断前进的根本动力。

“不忘初心，方得始终”。这句话大家都很熟悉，但是它后半句往往被忽略了，那就是“初心易得，始终难守”。做任何事情，只有时刻牢记自己最初的目标，到最后才可能获得成功。每个人确立美好的志向并不难，但是贵在坚持也难在坚持。时节如流，世事维艰，在实现初心的过程中，面对各种逆境、苦难，我们是否能初心不改？是否能用最初的决心面对现代的浮躁与喧嚣？

在前进的路上，只有坚持初心不改，一直努力奋斗，即使遇到挫折、艰难、困苦也要始终坚持，迎难而上，砥砺前行，最后才能“方得始终”。谁无暴风劲雨时，守得云开见月明。

9. 红色记忆之旅（一）

致敬西柏坡

有种感觉，从燕赵大地的每块土地向下深挖几十米，就可能会触碰到几千年前的中华文明痕迹。距离我们重温红色记忆之旅抵达的第一站平山党校不远，就是战国时期盛极一时的中山国遗址；第二站正定，古称常山，历史上曾与北京、保定并称“北方三雄镇”，这两个地方在现代中国焕发的光芒将照亮未来的长空；第三站雄安，却是个承载着人们对未来之城的向往与期待的地方，可以说，一路走下来，有种“道阻且长，行则将至，行而不辍，未来可期”的意味。

中国革命圣地之一的西柏坡就位于平山县中部，西有太行山脉作屏障，南有滹沱河之险，东据华北平原沃土。物产富饶、交通便利、战略位置优越、群众基础良好是当年历史选择了西柏坡的重要条件。1948 年开始，党中央和毛主席在此指挥了震惊中外的辽沈、淮海、平津三大战役，召开了具有伟大历史意义的七届二中全会和全国土地会议，由此拉开解放全中国的序幕，故有“新中国从这里走来”的说法。历史证明，当年的进京赶考如今已是“状元今日披花红”。

在西柏坡四处能看到红色的革命精神，这种精神直接指向每个人的内心，这是一种理想、信念的力量，是一种支持拼搏的力量。这种力量在当地百姓身上尤为突出。据党校的老师介绍，平山县有个享誉全国的企业叫敬业集团，是全国最大的螺纹钢生产基地，每年的销售收入就达上千亿元。企业的带头人李赶坡是位与共和国同龄的老人，他带领企业奉行的“打出去、冲上去，彻底改革、拼搏奉献”的精神正是西柏坡精神在当代的传承。路上我们还听说了一段趣闻轶事，敬业集团的所有园区项目，修路时都要修成上上下下的坡道，最后一定是赶达终点的上坡，据说既和当家人的名字有关，也寓意着奋发向前，勇攀高峰的西柏坡精神。

塔元庄，是我们到达的第二站。最早知道常山，是在当年看《三国演义》时，“吾乃常山赵子龙也”令对阵敌人闻风丧胆，神勇的常胜将军与常山也彼此成就了。后来知道，那个104 岁的寿星皇帝赵佗也是常山人。再就是初建东汉时所在的地方即常山的鄗城。到了当代，常山更了不得，迎来了一位新时代的伟人。

从高楼林立、产业兴旺的实拍照片上很难看出这里曾是一个再普通不过的北方小村庄。在这里，中国农民真正通过城镇化改造实现了翻天覆地的变化。它是当代新农村建设提前步入小康的典范，也验证了中国农业和农村经济的发展可以走农工商产业融合的道路。

此次行程非常紧凑，下午就直接赶往雄安。自从2017 年4 月，雄安要建成国家级新区的消息一公布，立即吸引了全世界的目光。两年多过去了，国家级新区建成什么样了，大家都充满好奇与希冀。

让我们意外的是这里看上去变化不大，后来听了讲解员的介绍才知道，在这“变化不大”中蕴蓄着改天换地的变化。作为“千年大计”“国家大事”，雄安的规划建设非常理智审慎，尽显“谋定而后动”的中国式智慧。这里的顶层设计已经基本完成，基础治理也在稳步推进：唐河污水库变身花海，白洋淀污染物继续改造，周边造林11 万亩……按照“世界眼光、国际标准、中国特色、高点定位”的总体要求，一幅蓝绿交织、水城共融的美好画卷已开始构图建设。二十年后的雄安，将建成绿色低碳、信息智能、传统人文的现代化城市。很难得的是它反复强调要坚持人与自然和谐共生的理念，“建造一个世界从未有过的城市”，未来可期，二十年后的雄安必将大放异彩！

重温红色记忆之旅，深切感受到西柏坡精神的伟大：谦虚谨慎、戒骄戒躁、艰苦奋斗——这是立国之本、强国之基。对于普通百姓而言，“西柏坡精神”同样有现实的落点，同样是立身之本、强志之基！

10. 红色记忆之旅（二）

韶山气象

韶山是个很值得去的地方。这样说，不是因为它的自然景观与人文历史，而在于那里有现代人需要承学的气象与精神。

从怀化到韶山乘高铁仅用一个多小时，即从当年国民党接受日军投降地距离伟人诞生地仅有二百余里，冥冥之中自有某种高度契合。下了高铁，迎面而来的是这个仅有十万人口的红色革命圣地的圣洁、庄严与大气。城市很干净，人们脸上也是沉稳平和的。韶山宾馆依然保留着八十年代国宾馆特有的规范与正统，服务员脸上都是不骄、不燥、不新潮又不媚俗的自然亲切，让人很舒服。

主席故居、专题展览馆、生平馆、祠屋等都是可以扫码领取门票的，各级财政的大力支持与相关部门的协同规范管理使这里明显少了商业化的逐利与喧嚣。周围也有小商小贩们在兜售，但景区氛围比别处清净得多，一处山明毓秀、气象万千的圣地。

这次比较巧，在毛家饭店总店里见到了汤瑞仁，就是在故居陈列的一幅《毛主席与乡亲们》合影中那个抱小孩的农妇，和这位86岁的老人聊天很愉快，耄耋之年思维竟然还是那么敏捷，难怪当年，颇有商业头脑的她，在主席回过家乡后就创立了毛家饭店，目前在全国已开设了200多家连锁店，书写了叱咤商海的传奇故事。“都是搭帮毛主席，搭帮共产党”，交谈中你会发现除了对伟人的崇敬爱戴外还有一种发自心底的亲人情感，继而是一种幸福感。她60多岁竟开始学画画、练书法、穿旗袍、开画展、玩微信、学开车……“我86岁了，我是‘80后’”，一位把花甲当花季的可敬老人，一种让人感到振奋鼓舞的力量。

在纪念广场，站在高大威严的主席铜像前，我思索良久。回想110年前，一位胸怀天下、志在四方的17岁的少年在这里发出宣告“孩儿立志出乡关，学不成名誓不还。埋骨何须桑梓地，人生无处不青山”，是何等的豪迈激情，经过一生艰苦卓绝的奋斗，创造了“让中华民族站起来”的丰功伟绩足可与日月同辉。在这里，我还见到了令人震撼的一幕：一位老军人，背着老式斜挎包和军用水壶，每走三步就敬个非常标准的军礼，坚定地注视着主席铜像，嘴里不知在说着什么。广场出口距离铜像有几百米，他就一直这么走着，就像我们在川藏公路沿途见到的去转山朝拜的信徒一样。离他有点远，但从他军姿里能看到发自心底的崇拜与爱戴，那是一种精神的追随，更是一种信仰，是这个时代应有的精神力量，一种无往不胜的精神力量。

11. 红色记忆之旅（三）

胶东党旗红

五月飞花动岛城，红色胶东两日行。连天云漫又春雨，一夜风暖碧空清。
政协机关学党史，参观体悟实效增。组织有序内容丰，胶东一体党旗红。
甲午国殇刘公岛，舛难屈辱恨晚清。积贫积弱话语少，虎豹豺狼觊觎多。
万千清兵齐赴死，空留遗恨任欺凌。落后挨打是铁律，国弱民如草芥生。
神州激荡风云起，国难之时出英雄。百年征程血与火，共产党人勇驰骋。
筚路蓝缕信坚定，披荆斩棘踏歌声。岁月峥嵘风云变，天翻地覆焕新荣。
昆嵛山下人义勇，大刀长矛与红樱。星星之火燎原势，革命火种遍地升。
雷神庙里一声响，万千儿女参军忙。不畏倭寇不畏强，人间正道是沧桑。
平度海阳皆雷乡，石破天惊耀华光。高擎旗帜心向党，党民齐心胜亲朋。
齐鲁大地多忠士，胶东英雄美名扬。为有牺牲多壮志，家国情怀脉相承。
党史学习收获丰，凝心聚力众志同。勤学深悟则明理，增信崇德又力行。
踔厉风发前路远，红色基因永传承。不忘初心与使命，扶摇直上新征程！

（本篇曾发表在《青岛政协》《青岛统一战线》《信网》等书刊及媒体平台上）

12. 红色记忆之旅（四）

英雄的台儿庄

记得余秋雨先生在《抱愧山西》中提到，曾经因不了解山西作为近代金融经济强省的历史，一直以为山西是贫困省份而对它感到有点愧疚，我以前对枣庄的认识无外乎只是煤矿、石榴、铁道游击队、台儿庄战役……参加了中国海洋大学的台儿庄、微山湖一线游学，深入了解了这座城市的历史过往后，竟也多少有些抱愧枣庄的感觉。

初夏时节，还延续着春的韵味，又有了些夏的热烈，正如我们这群风华正茂的青壮年，在青春的末端尽情挥洒的壮年的激情。

一路欢歌来到了台儿庄——迎接我们的是一个既有民族精神象征意义、又有历史文化承载意义的古城，至今仍保留着不少的历史遗存，拥有京杭大运河仅存的最后三公里古运河河道，被世界旅游组织誉为“活着的古运河”。

台儿庄是一座富藏精神与文化的古城，是一座值得品读、值得推介的千年古城。历史上曾是一座商旅云集、车水马龙的名城，形成于汉代，繁盛于明清，是古运河上一座商贸名镇，曾被乾隆皇帝亲赐为“天下第一庄”。

但1938 年那场中国抗战史上有名的台儿庄战役，使这座古城化为废墟。直到2008 年重建后，台儿庄再次呈现出“商贾迤逦，一河渔火，歌声十里，夜不罢市”的繁荣景象。人造、翻新后建的古镇古城往往让人有违和感，但这里，感受到的是一种民族精神的重建，所以并不感觉突兀。

如果说白天的台儿庄古城是一幅江南水乡画卷，那么夜晚的古城则重现了繁华的古代都城实景。天色渐黑，大运河两岸华灯初上，河柳弄影，碧波荡漾。沿着古运河修建的酒肆、茶楼处处歌舞升平。我们的游船在运河上轻轻驶过，如同徜徉在琼楼玉宇间。古城楼如彩虹映天，古老拱桥别具风姿，沿街两侧的红灯笼随风跳跃着，把老式木屋衬托得分外妖娆。城内商铺林立、大街小巷游人如织，集合了北方大院、徽派、南方水乡、闽南、岭南、鲁南民居等八种风格的建筑都在流光溢彩中展现出各自的风韵。曾走遍大江南北，游过五湖四海，但这座辉煌绚丽的再建古城着实令人赞叹。

游览古城，品味它历史的繁盛瞬间，让人流连忘返，而参观台儿庄大战纪念馆，重温那段刻骨铭心的历史，就感受到这座城市的历史负重，心情也变得压抑沉闷。

台儿庄地处山东最南端，扼守着江苏的北方门户，历来都是兵家必争之地——这是当年台儿庄成为战争前沿的大前提。我们到了台儿庄，首先带着祭奠的虔诚和肃穆观看了当时的史料片。

台儿庄抗击日寇那场战役，是一段可歌可泣的抗战史。三万将士在此浴血奋战，打破了日本侵略者不可战胜的神话，台儿庄一战成名，被誉为“中华民族扬威不屈之地”。这次战役是日军侵华以来，中国军队第一次从正面战场上击退日军主力部队，政治上增强了全国人民抗战必胜的信心。但同时，“三千人家十里街，连日烽火化尘埃。”台儿庄往日的繁华也在战火硝烟中沉寂了。

纵观历史长河，台儿庄承载着古代的辉煌与近代的骄傲，也必将焕发出新时代的希望和曙光。